To Tom,

Happy Father's Day
+ Skiing

Barbara

An American View

Barbara Ernst Prey

Family Portrait

2004

watercolor on paper, aquarelle sur papier

Collection The Brooklyn Museum

An American View: Barbara Ernst Prey

Sous le Haut Patronage de
Son Excellence Monsieur Craig R. Stapleton
Ambassadeur des Etats-Unis d'Amérique en France

Avant-propos de l'Ambassadeur des Etats-Unis d'Amérique en France, Craig R. Stapleton
et de Russell M. Porter, Président de la Mona Bismarck Foundation

Avec des contributions de
Sarah Cash, Commissaire Consultant
Kristina Didouan, Directrice des Programmes pour la Mona Bismarck Foundation

Mona Bismarck Foundation
34 avenue de New York
Paris 75116, France
2007

Ce catalogue est publié à l'occasion de l'exposition
« An American View: Barbara Ernst Prey »
qui aura lieu à la Mona Bismarck Foundation du 19 octobre, 2007 au 12 janvier, 2008

© Mona Bismarck Foundation, 2007
ISBN: 978-2-913206-00-7

Edité pour la première fois en 2007 par la Mona Bismarck Foundation

Devant de couverture
(Détail), *Family Portrait*, 2004

Dos de couverture
Family Portrait, 2004
Collection The Brooklyn Museum

© Conception, composition et mise en page de Dianne Henning, www.qbgraphics.com

Production : Poly Flash, Paris
Impression : Castuera, Pampelune

An American View
Barbara Ernst Prey

These paintings evoke the somewhat subtle symbols of the spirit of America and its cultural foundations – a fluttering home-sewn quilt, lingering twilight on the coast of Maine, Adirondack chairs grouped in the family garden, lobster fisherman's dories at rest – symbols of the deep, cultural spirit which binds the United States. Ask any American. These are images of the soul of the country and its unified dreams, emblems which speak to fifth generation Americans, as well as newly arrived immigrants.

Ces toiles évoquent les symboles quelque peu subtils de l'esprit américain et ses fondements culturels – un « quilt », cousu à la main, agité par la brise, un long coucher de soleil sur la côte du Maine, un groupe de chaises de style « Adirondack » dans le jardin familial, des doris de pêcheurs de homards au mouillage – symboles de la profondeur des liens spirituels et culturels qui unissent les Etats-Unis. Il suffit de demander à n'importe quel Américain ce qu'évoque la peinture de Barbara Ernst Prey : c'est l'âme des Etats-Unis, de ses rêves communs. Des images qui parlent à des Américains de toute génération.

Mona Bismarck Foundation, 2007

Mona Bismarck Foundation

34 avenue de New York, 75116 Paris

Contents

Sommaire

Countess Mona Bismarck and Micky, her cherished companion

La Comtesse Mona Bismarck et Micky, son compagnon bien-aîmé

Foreword

The Mona Bismarck Foundation is pleased to present *An American View: Barbara Ernst Prey*, watercolors by this contemporary American artist. Drawing from the technical tradition of renowned American artists such as Winslow Homer and Edward Hopper and carrying on their development of a truly American school, Barbara Ernst Prey's painting draws from European traditions, but moves in its own path in terms of treatment and subject matter.

In the late 70s the Countess Mona Bismarck approached me, her friend and legal advisor, regarding the establishment of a philanthropic trust in her name. I remember it well; I was in Capri to visit Mona for a combined weekend of business mixed with pleasure. Talk turned to just what was going to happen with her considerable fortune after her death. I explained various options and after laying out details on philanthropic trusts and their function, there was a point when the Countess said, 'That's it, Russell. Let's establish a foundation!' And that was that. While my previous plans were to relax and enjoy the beauty of Mona's Capri garden, I wound up all weekend batting out the first draft of statutes on a worn out manual typewriter with an Italian keyboard.

The Countess, an American by birth, expressed her desire to see a foundation established which would promote Franco-American friendship and exchange and fund her various interests, cultural as well as philanthropic. I felt that the Countess' decision to establish a foundation was also partly based on her desire to perpetuate her memory and name.

Early plans were bandied about to convert the Countess' favorite residence in Capri into the Foundation's European Cultural Center, but it soon became evident that the Paris townhouse would logistically be the best location to realize Mona Bismarck's wishes. Mona Bismarck had named me President of the Foundation and after the Countess' death, I took upon the task of settling the estate and disposing of her properties and posses-

Avant-propos

La Mona Bismarck Foundation a le plaisir de présenter avec *An American View : Barbara Ernst Prey*, des aquarelles de cette artiste américaine contemporaine. Fidèle à la tradition technique d'artistes américains renommés tels que Winslow Homer et Edward Hopper, et poursuivant leur développement d'une école vraiment américaine, la peinture de Barbara Ernst Prey s'inspire des traditions européennes mais s'engage dans une direction qui lui est propre, concernant le traitement et le choix du sujet.

A la fin des années soixante-dix, la Comtesse Mona Bismarck aborda avec moi, son ami et son conseil juridique, l'idée d'établir une fondation à but non lucratif qui porterait son nom. Je m'en souviens bien ; je me trouvais alors à Capri en visite chez Mona pour un week-end combinant les affaires et l'agrément. La conversation roula sur ce qu'il adviendrait de sa considérable fortune après sa mort. Je lui exposai les divers choix possibles et, une fois que j'eus expliqué en détail les « trusts » à but philanthropique et leur fonction, la Comtesse, à un moment donné, s'exclama : « C'est cela, Russell. Créons une fondation ! » Et c'est tout. Alors que je n'avait prévu qu'un repos au milieu des beautés du jardin de Mona à Capri, je me retrouvai, durant tout le week-end, à taper le premier jet des statuts sur une machine à écrire mécanique fatiguée, avec un clavier italien.

La Comtesse, américaine par la naissance, exprima le désir de voir établir une fondation qui encourageât les échanges et l'amitié franco-américains, et qui soutînt ses intérêts divers, culturels et philanthropiques. Je sentis que la décision de la Comtesse était aussi fondée sur le désir de perpétuer son propre souvenir et son nom.

Il fut initialement projeté de convertir sa résidence de Capri, la préférée de la Comtesse, en un centre culturel européen de la Fondation, mais il devint vite évident que son hôtel particulier parisien était le mieux situé pour réaliser les vœux de Mona Bismarck. Cette dernière m'avait nommé président de la Fondation et, après sa mort, c'est à moi qu'incomba la tâche consistant à régler la succession et à vendre ses propriétés et ses possessions de valeur, dont le produit de la vente aux enchères allait alimenter le capital de la Fondation.

Bayville, New York, the Long Island estate of the Countess Mona Bismarck

Bayville, New York, le domaine de Long Isaland de la Comtesse Mona Bismarck

sions of value whose auction revenue would go into the Foundation trust.

As Mona Bismarck's interests were eclectic (horticulture, literature, interior design, 18th century furniture, American and European art, scientific projects), the original mission statement of the foundation was purposely left wide ranged. Finally, in 1986 the Mona Bismarck Foundation was able to begin realizing Mona Bismarck's philanthropic goals. For the last two decades, the Foundation has offered a unique program of exhibitions, conferences and cultural exchanges.

This particular exhibition could be seen as paying tribute to Countess Mona Bismarck's American roots. We are sure that the symbolism portrayed, as well as Barbara Ernst Prey's meticulous, elegant style would have appealed to Mona Bismarck. Indeed, we were somewhat surprised to find that the "view" of Barbara Ernst Prey and Mona Bismarck were, literally, one and the same. Barbara Ernst Prey's studio in Oyster Bay looks out on Mona Bismarck's former estate in Bayville, New York where the Countess' ashes are buried alongside her third husband, Harrison Williams.

At the turn of the century, Bayville was a combination of hard-working fishing village and Gatsby-like estates. Mona Bismarck filled the Williams property with specimen trees, a golf course, an aviary, fountains and gardens. The Countess eventually gave much of her property to the Village of Bayville, including a complex of servants' quarters and garages that now serve as the Village Hall, the Bayville Free Public Library and the Bayville Historical Society.

On behalf of the Foundation, I would like to thank artist Barbara Ernst Prey, Consulting Curator Sarah Cash, US Ambassador to France, Craig R. Stapleton and Mrs. Stapleton, Mr. C. Rajakaruna and Mrs. Kristina Didouan of the Board of Directors of the Mona Bismarck Foundation for helping us to bring this unique exhibition to Paris.

Russell M. Porter
President
Mona Bismarck Foundation

Etant donné le caractère éclectique des intérêts de Mona Bismarck, (l'horticulture, la littérature, la décoration intérieure, le mobilier du dix-huitième siècle, l'art américain et européen, les études scientifiques) l'objectif exprimé de la Fondation fut laissé délibérément ouvert. Et c'est finalement en 1986 que la Fondation Mona Bismarck put commencer à réaliser les buts philanthropiques de Mona Bismarck. Pendant les deux décennies qui ont suivi, la fondation a proposé un programme unique d'expositions, de conférences et d'échanges culturels.

La présente exposition, en particulier, peut être vue comme un hommage rendu aux racines américaines de la Comtesse Mona Bismarck. Nous sommes certains que les symboles représentés, de même que le style méticuleux et plein d'élégance de Barbara Ernst Prey auraient séduit Mona Bismarck. Nous avons été surpris en apprenant qu'en vérité, le « point de vue » de Barbara Ernst Prey et de Mona Bismarck est littéralement le même. L'atelier de Barbara Ernst Prey à Oyster Bay donne en effet sur l'ancien domaine de Mona Bismarck, situé à Long Island, où reposent ses cendres au côté de celles de son troisième mari, Harrison Williams.

Au début du siècle, Bayville combinait les caractères d'un laborieux village de pêcheurs et de grands domaines dans le style de Gatsby le Magnifique. Mona Bismarck garnit la propriété d'Harrison Williams d'arbres rares, d'un terrain de golf, d'une volière, de fontaines et de jardins. La Comtesse finit par faire don au village de Bayville d'une grande partie de sa propriété, en particulier d'un ensemble de logements de domestiques et de garages occupé maintenant par la Mairie de Bayville, la Bibliothèque Publique gratuite de Bayville et la Société Historique de Bayville.

Au nom de la Fondation, je voudrais remercier l'artiste, Barbara Ernst Prey, la commissaire consultant, Sarah Cash, S.E. Monsieur Craig Stapleton, Ambassadeur des Etats-Unis en France et Madame Stapleton, et Monsieur C. Rajakaruna, et Madame Kristina Didouan, du Conseil d'Administration de la Mona Bismarck Foundation, pour leur contribution à la venue à Paris de cette unique exposition.

Russell M. Porter
Président
Mona Bismarck Foundation

Mona Bismarck captures a timeless elegance.

Mona Bismarck reflète une élégance intemporelle.

Mona Bismarck Foundation

The Mona Bismarck Foundation, created during the 1980's by the late American philanthropist Countess Mona Bismarck, promotes artistic, literary, scientific and educational activities, particularly those which further Franco-American friendship. An American foundation, registered in the State of New York, the Mona Bismarck Foundation supports, as its main programmatic activity, a Paris Cultural Center in the Countess' former townhouse overlooking the Eiffel Tower.

This Center offers the public an eclectic program of exhibitions, seminars and lectures, particularly those which focus on Franco-American cultural and educational exchange. The Center also houses a library dedicated to the study of American history and culture and provides office and conference space for a select number of non-profit Franco-American associations.

This combination of activities has made the Mona Bismarck Foundation a centerpiece of cultural and scholarly exchange between the European and American continents.

Paris Cultural Center:

Among the non-profit Franco-American associations housed:

American Club of Paris: ACP was founded in 1903 in the tradition of Benjamin Franklin, who living in Paris during the war of American Independence adopted the custom of Sunday dinners to cheer up his fellow countrymen. The American Club continues to offer traditional holiday celebrations, lectures and speakers for the Franco-American community.

Association of American Wives of Europeans: AAWE was founded in 1961 to protect the citizenship rights of Americans married to Europeans and the citizenship rights of children of over 600 bicultural and bilingual families.

La Mona Bismarck Foundation, créée pendant les années 80 par la philanthrope américaine, feue la Comtesse Mona Bismarck, a pour vocation d'encourager les activités artistiques, littéraires, scientifiques et éducatives, en particulier celles favorisant l'amitié franco-américaine. L'activité principale de la Mona Bismarck Foundation, organisation américaine dont le siège se trouve dans l'Etat de New York, consiste à soutenir le centre culturel parisien installé dans l'hôtel particulier avec vue sur la Tour Eiffel, où vivait autrefois la Comtesse.

Ce centre culturel met gratuitement à la disposition du public un programme varié d'expositions, de séminaires et de conférences principalement centrés sur les échanges éducatifs et culturels franco-américains. Egalement doté d'une bibliothèque dédiée à l'étude de l'histoire et de la culture américaines, il fournit en outre des bureaux et des salles de réunion à un nombre choisi d'organisations franco-américaines à but non lucratif.

C'est cette mosaïque d'activités qui fait de la Mona Bismarck Foundation un véritable centre de découverte et d'échanges culturels et scientifiques entre l'Europe et l'Amérique.

Centre Culturel Parisien:

Parmi les associations franco-américaines à but non lucratif hébergées figurent :

American Club of Paris: l'ACP fut fondé en 1903 pour perpétuer l'usage instauré par Benjamin Franklin qui, lorsqu'il vivait à Paris pendant la Guerre de l'Indépendance des Etats-Unis, avait pris l'habitude d'organiser des dîners dominicaux visant à remonter le moral de ses compatriotes. L'American Club continue de réunir la communauté franco-américaine à l'occasion de fêtes traditionnelles ou de conférences.

Association of American Wives of Europeans: l'AAWE fut fondée en 1961 dans le but de défendre la citoyenneté des Américaines mariées à des Européens, ainsi que celle des enfants issus de plus de 600 foyers biculturels et bilingues.

Association of Americans Resident Overseas: AARO is a volunteer, non-partisan organization representing the interests of more than 4.1 million Americans living and working abroad.

French Heritage Society: Established in 1982, the organization provides support for historic and architecturally significant buildings both in the United States and France.

American Overseas Memorial Day Association: The AOMDA is dedicated to remember and honor those who gave their lives in World Wars I and II, and whose final resting places are in American Military Cemeteries or isolated graves in cemeteries in Europe.

Lafayette Escadrille Memorial Foundation: Established in 1930 to assure the upkeep of the monument erected at Marnes-la-Coquette and to keep alive the spirit of the "Escadrille Lafayette and the Flying Corps": an all American, all volunteer squadron who flew under the flag of France before America's entrance into the Great War.

American Friends of Blérancourt: Franco-American association dedicated to the support of the museum created in 1924 by American philanthropist Anne Morgan. The museum houses historical collections linked to the relations between the two nations since the 18th century.

World Monuments Fund: European chapter of the foremost private, non-profit organization dedicated to the preservation of historic art and architecture worldwide.

Junior Service League of Paris: The main mission of this women's organization is to support community projects through volunteer activity in the areas of health care, homelessness and child welfare.

USA Girls Scouts Overseas: provides the US Girl Scout program to girls ages 5 to 17 years old living in the Paris region. Girl Scouting builds girls of confidence, courage and character who work to make the world a better place.

Association of Americans Resident Overseas: organisation volontaire et politiquement neutre, l'AARO représente les intérêts de plus de 4,1 millions d'Américains qui vivent et travaillent à l'étranger.

French Heritage Society: créée en 1982, la French Heritage Society apporte son soutien aux bâtiments présentant un intérêt historique ou architectural, tant aux Etats-Unis qu'en France.

American Overseas Memorial Day Association: l'AOMDA existe pour honorer la mémoire de ceux qui donnèrent leurs vies pendant les deux guerres mondiales, et qui reposent à présent dans des cimetières militaires américains ou dans des sépultures isolées au sein de cimetières Européens.

Lafayette Escadrille Memorial Foundation: elle fut créée en 1930 pour assurer l'entretien du monument érigé à Marnes-la-Coquette, et pour garder vivant l'esprit de l'Escadrille Lafayette et Flying Corps : une escadrille exclusivement composée de volontaires américains, qui vola sous le drapeau français avant l'entrée de l'Amérique dans la Grande Guerre.

American Friends of Blérancourt: cette association franco-américaine est dédiée à la protection du musée créé en 1924 par la philanthrope américaine Anne Morgan. Le musée abrite des collections historiques liées aux relations entretenues par les deux nations depuis le 18ème siècle.

World Monuments Fund: il s'agit du chapitre européen de la plus grande organisation mondiale privée sans but lucratif dédiée à la préservation de l'art et de l'architecture historiques.

Junior Service League of Paris: il s'agit d'un groupe de femmes bénévoles dont la principale mission consiste à soutenir des projets communautaires dans des domaines tels que la santé, l'aide aux sans-abri ou la protection de l'enfance.

USA Girls Scouts Overseas: offre aux filles de la région parisienne de 5 à 17 ans les activités des « Girl Scouts » américaines. Le scoutisme féminin développe leur assurance, leur courage et leur personnalité afin qu'elles améliorent le monde dans lequel elles vivent.

Library of American History and Culture:

Drawing on Mona Bismarck's extensive collection of American literature, horticulture, landscape architecture and botanical studies, the Paris Cultural Center will soon house a library focusing on American studies, the history of Franco-American relations, the American community in Europe and selected Franco-American legal briefs. The Library will be open to members of the associations in the building as well as to the general public by appointment.

Paris Cultural Center Exhibition Space:

In 1986, after the death of the Countess, the ground floor of her magnificent Paris townhouse was converted into an exhibition/conference space and inaugurated with the Foundation's first of many unique exhibitions "Man Ray: Cinematographer". Since then, the Foundation has offered over forty cultural exhibitions, the latest including:

Exploratrices Intrépides: Marianne North, Margaret Mee (2007)
Works from the collections of the Royal Botanic Gardens, Kew

Mona Bismarck, Cristóbal Balenciaga : perfection partagée (2006)
(Private collection of Mr. Hubert de Givenchy).

Pierre Matisse, passeur passionné: un marchand d'art et ses artistes (2005)
Works by artists represented by the late gallery owner, Pierre Matisse: Balthus, Miro, Tanguy, H. Matisse, Chagall, Giacometti and others. Exhibition in collaboration with the Metropolitan Museum of Art, New York and the Pierre and Maria-Gaetana Matisse Foundation

Scottish Colourists 1900-1930 (2004)
Works by Peploe, Fergusson, Hunter and Cadell from the Hunterian Gallery

Library of American History and Culture:

Riche des nombreux ouvrages littéraires, horticoles, paysagistes et botaniques de la collection de Mona Bismarck, le Centre Culturel Parisien abritera bientôt une bibliothèque consacrée aux études américaines, à l'histoire des relations franco-américaines et à la communauté américaine en Europe. Cette bibliothèque, qui proposera également une sélection de dossiers juridiques franco-américains, sera ouverte aux membres des associations logées par la M.B.F., ainsi qu'au public sur rendez-vous.

Espace d'Expositions du Centre Culturel Parisien:

En 1986, après le décès de la Comtesse, le rez-de-chaussée de son superbe hôtel particulier fut converti en un espace d'expositions et de conférences inauguré lors de la première d'une longue série d'expositions organisées par la Mona Bismarck Foundation : « Man Ray: Cinématographe ». Depuis, la Mona Bismarck Foundation a présenté plus de quarante expositions culturelles. Au nombre des plus récentes figurent notamment :

Exploratrices Intrépides: Marianne North, Margaret Mee (2007)
Œuvres des collections des Royal Botanic Gardens, Kew

Mona Bismarck, Cristóbal Balenciaga : perfection partagée (2006)
(Collection privée de Monsieur Hubert de Givenchy).

Pierre Matisse, passeur passionné: un marchand d'art et ses artistes (2005)
Œuvres d'artistes représentés par feu le galeriste Pierre Matisse : Balthus, Miro, Tanguy, Henri Matisse, Chagall, Giacometti et d'autres. Une exposition organisée conjointement avec le Metropolitan Museum of Art (New York) et la Pierre and Maria-Gaetana Matisse Foundation.

Coloristes Ecossais 1900-1930 (2004)
Des œuvres de Peploe, Fergusson, Hunter et Cadell prêtées par la Hunterian Gallery.

La Louisiane, de la colonie française à l'état américain (2004)

Paintings and documents celebrating the bicentennial of the Louisiana Purchase in collaboration with The Historic New Orleans Collection and the Kemper and Leila Williams Foundation

Théâtre Nô (2003)

Costumes, masks and prints from the collection of Yamaguchi Akira and the Museum of Art and History of Japan

7 Millénaires de sculptures inédites – Europe, Asie, Afrique (2003)

Primitive sculptures from the private collection of Jean-Paul Barbier-Mueller

Art Premier des Iapyges, VII-III s. B.C. (2003)

Collection from the Museum of Art and History of Geneva and l'Association Hellas et Roma

California Impressionists: Masters of Light (2002)

Paintings from the California Impressionist School from the collection of the Irvine Museum

Art de la Plume en Amazonie (2002)

Feather ceremonial costumes from the Amazon

American Folk Art (2001)

Paintings and sculpture from the 18th century to the present from the Fenimore Art Museum, Cooperstown, New York

Native American Indian Art (2001)

Native American Indian Art from the collection of Eugene and Clare Thaw, Fenimore Art Museum

Varian Fry, Marseille 1940-41 et les candidats et l'exil (2001)

Works by artists aided by American editor Varian Fry and and the Emergency Rescue Committee including Arp, Chagall, Duchamp, Ernst, Frances, Lipchitz, and others

La Louisiane, de la colonie française à l'état américain (2004)

Peintures et documents présentés à l'occasion du bicentenaire du « Louisiana Purchase », en collaboration avec la Historic New Orleans Collection et la Kemper and Leila Williams Foundation.

Théâtre Nô (2003)

Costumes, masques et estampes– collections de Yamaguchi Akira et du Musée d'Art et d'Histoire du Japon.

7 Millénaires de sculptures inédites – Europe, Asie, Afrique (2003)

Sculptures primitives de la collection privée de Jean-Paul Barbier-Mueller.

Art Premier des Iapyges, VIIème-IIIème siècles av. J.C. (2003)

Collections du Musée d'Art et d'Histoire de Genève et de l'Association Hellas et Roma.

Impressionnistes Californiens : les Maîtres de la Lumière (2002)

Peintures de l'Ecole Impressionniste Californienne – collection de l'Irvine Museum.

Art de la Plume en Amazonie (2002)

Costumes de cérémonie en plumes d'Amazonie.

American Folk Art (2001)

Peintures et sculptures du 18e siècle à nos jours – Fenimore Art Museum, Cooperstown, New York.

Art des Indiens d'Amérique du Nord (2001)

Art des Indiens originaires d'Amérique – collection d'Eugene et Clare Thaw, Fenimore Art Museum.

Varian Fry, Marseille 1940-41 et les candidats à l'exil (2001)

Œuvres d'artistes aidés par l'éditeur américain Varian Fry et le Comité de Secours d'Urgence parmi lesquels Arp, Chagall, Duchamp, Ernst, Frances, Lipchitz et d'autres.

Mona Bismarck

Mona Bismarck was a devotee of arts and culture, and had a great interest in horticulture and botanical studies. She was a public-spirited person who made numerous gifts to charity through the Foundation. In order to lend permanency to her philanthropic activities, she generously transferred her magnificent Paris townhouse to be used as the Foundation's Paris Cultural Center.

Countess Bismarck's mansion overlooking the Seine, her substantial private fortune and her noble title – all might seem far removed from her truly American origins. She was born Mona Strader and grew up, very much in the American tradition of a Southern gentlewoman, on a horse farm in the legendary Kentucky Bluegrass Region. In the 1920's, she married the American industrialist Harrison Williams, and by the golden decades of the 20's and 30's was considered to be one of the most beautiful and elegant women in the world.

Her quintessential style was even celebrated in a song by Cole Porter, while her physical beauty and elegance captivated painters like Salvador Dali, Leonor Fini, Bernard Boutet de Monvel and photographers Cecil Beaton, Edward Steichen and Horst.

After the death of Harrison Williams, she married Count Edward Bismarck, grandnephew of Chancellor Otto Bismarck.

Mona Bismarck's entourage included statesmen and politicians (Presidents Roosevelt and Eisenhower), monarchs and ex-monarchs (the Windsors, the Shah of Iran and Princess Grace of Monaco), an impressive number of writers and artists (Greta Garbo, Gore Vidal, Cristóbal Balenciaga, Hubert de Givenchy, Tennessee Williams, Paul Newman, Truman Capote and Erich Remarque).

Another side of Mona Bismarck comes through in the vast amount of correspondence now on file at The Filson Historical Society in Louisville, Kentucky. In addition to her charitable and philanthropic endeavors, the Countess Mona Bismarck's letters and papers show a keen intellect, a curiosity in matters philosophical, historical and artistic and an extraordinary standard of warmth, personal generosity and civic mindedness for which she is remembered to this day.

Mona Bismarck

Férue d'art et de culture, Mona Bismarck éprouvait également un vif intérêt pour l'horticulture et la botanique. C'était une personne pleine de civisme, qui fit de nombreux dons aux œuvres de charité par le biais de la Fondation. Désireuse de donner à ses activités philanthropiques un caractère permanent, elle céda généreusement à la Fondation son superbe hôtel particulier afin qu'il serve de siège à son Centre Culturel Parisien.

Demeure avec vue sur la Seine, fortune personnelle considérable, titre de noblesse – tout cela pourrait sembler bien éloigné des racines profondement américaines de la Comtesse. Née Mona Strader, elle grandit au sein d'une ferme d'élevage de chevaux de la légendaire Bluegrass Region, dans le Kentucky, où elle reçut l'éducation traditionnelle américaine d'une demoiselle sudiste de bonne famille. Dans les années 20 elle épousa l'industriel américain Harrison Williams, et pendant la période dorée des années 20 et 30 elle fut considérée comme l'une des femmes les plus belles et les plus élégantes du monde.

Cole Porter rendit même hommage à son allure exceptionnelle dans une de ses chansons, tandis que sa beauté et son élégance inspirèrent des peintres comme Salvador Dali, Leonor Fini ou Bernard Boutet de Monvel ainsi que les photographes Cecil Beaton, Edward Steichen et Horst.

Après le décès d'Harrison Williams, elle épousa le Comte Edward Bismarck, petit-neveu du Chancelier Otto Bismarck.

L'entourage de Mona Bismarck comptait des hommes d'état et des hommes politiques (les présidents Roosevelt et Eisenhower), des monarques et ex-monarques (les Windsor, le Shah d'Iran et la Princesse Grace de Monaco), et un nombre impressionnant d'artistes et d'écrivains (Greta Garbo, Gore Vidal, Cristóbal Balenciaga, Hubert de Givenchy, Tennessee Williams, Paul Newman, Truman Capote et Erich Maria Remarque).

Une autre facette de la personnalité de Mona Bismarck nous est révélée par sa volumineuse correspondance, aujourd'hui conservée à la Filson Historical Society de Louisville, dans le Kentucky. Outre ses entreprises caritatives et philanthropiques, les écrits de la Comtesse Mona Bismarck témoignent d'une vive intelligence, d'une grande curiosité pour la philosophie, l'histoire et les arts, d'un caractère chaleureux, d'une générosité et d'un civisme extraordinaires dont tous ceux qui l'ont connue se souviennent encore.

Mona Bismarck, Hôtel Lambert

1955

photo Cecil Beaton © Sotheby's London

Mona Bismarck Foundation

34 avenue de New York

75116 Paris, France

Tel: + 33 (0) 1 47 23 38 88

Fax: + 33 (0) 1 40 70 02 99

Email: contact@monabismarck.org

Website: www.monabismarck.org

Barbara Ernst Prey: An American View

In early February 2007 I taught a short art history course to a group of museum-going adults who, during my preparations, were described to me as "lifelong learners". Scarcely a week later, Barbara Ernst Prey and I contemplated her life and work in the bright warmth of her Long Island home and studio, (fig. 1). It then occurred to me that the painter, perhaps more than anyone I have ever known, personifies that vernacular in her enthusiastic, seemingly insatiable embrace of the myriad learning opportunities offered by life, particularly a life in art. She has made art with intense energy and deep commitment since her childhood, and continues to do so at every juncture, whether working in her studio or seeking out new painting sites. In pursuit of her goals, moreover, she eagerly espouses new ideas, views,

(Fig. 1) Barbara Ernst Prey

and viewpoints, whether or not related to her art-making. In short, she possesses (and exhibits) a heartfelt passion for life, art, and their inherent and always provocative interconnectedness.

Embodying this curiosity and fervor is the artist's credo: "always ask why". Underlying her consideration of landscape subjects for their aesthetic merit is Prey's investigation of her surroundings on deeper levels that are at once emotional and intellectual. Throughout her career, she has examined communities inhabited by people whose lives and traditions most connect with the land and the sea. The resulting paintings, while stylistic and technical *tours de force*, also express her concern for humankind's relationship to our fragile natural world. This probing beneath, behind, and around the structures and views that she paints – her avid search for the "why" in environments as diverse as the historic Taiwanese city of Tainan, rural Pennsylvania, suburban Long Island, and coastal Maine – has its roots in her unusual background.

Au début du mois de février 2007, j'enseignais un bref cours d'histoire de l'Art à un groupe d'adultes amateurs de musées qui, durant mes préparatifs, m'avaient été décrits comme des « étudiants à vie ». Une semaine à peine plus tard, Barbara Ernst Prey et moi nous livrions à une contemplation de sa vie et de son œuvre dans la lumineuse chaleur de sa maison et de son atelier de Long Island, (fig. 1). Il me vint alors à l'esprit que ce peintre, plus peut-être que qui que ce soit que je connaisse, incarne cette locution familière par l'enthousiasme, apparemment insatiable, avec lequel elle saisit les myriades d'occasions d'apprendre qu'offre la vie, particulièrement une vie d'artiste. Elle crée, avec une énergie intense et un engagement profond, depuis l'enfance, et persiste en toutes circonstances, qu'elle travaille dans son atelier ou qu'elle recherche de nouveaux sites à peindre. Dans la quête de ses buts, de surcroît, elle embrasse avec passion les idées, les perspectives, les points de vue nouveaux, qu'ils aient ou non rapport à sa création artistique. En bref, elle possède, et démontre, une passion sincère pour la vie, l'art, et leur inhérente et toujours stimulante conjugaison.

Résumant cette curiosité et cette ardeur, la profession de foi de l'artiste, c'est : « Toujours demander le pourquoi ». Sous-tendant son choix de sujets de paysages sur la base de leur intérêt artistique se situe l'examen qu'effectue Prey de son univers, à un niveau plus fondamental, sensible et intellectuel à la fois. Durant toute sa carrière, elle a enquêté sur des groupes de personnes dont les vies et les traditions sont surtout liées à la terre et à la mer. Les tableaux qui en résultent, bien que constituant des tours de force stylistiques et techniques, expriment aussi son intérêt pour le rapport de l'espèce humaine avec le fragile milieu naturel. Cette exploration de ce qui est sous, derrière et autour des structures et des paysages qu'elle peint – sa recherche passionnée du « pourquoi » dans des envi-

A strong academic footing in studio art and the histories of art, architecture, and theology; disciplined field and studio practice characterized by intense and exacting study of subject, color, and light; and a rich accumulation of diverse life experiences have shaped Prey's development as an artist, as well as her devotion to always asking why. That background, combined with her skilled eye and her appetite for knowledge and aesthetic beauty, yield Prey's American view. Hers is a view describing the built and natural environments of her unseen human subjects: landscapes, seascapes, places of worship, farmhouses, fishing boats, buoy workshops, pumpkins, quilts, American flags, and more. In many instances, moreover, the artist infuses her views with sometimes subtle, sometimes overt messages of uniquely American events and stories: the increasingly difficult lives of Maine lobster fishermen; the profound tragedy of September 11, 2001; the chilly loneliness of poor rural America. How fitting, then, that Prey's American view is celebrated at Paris' Mona Bismarck Foundation, directly opposite the most famous view in a city known for its picturesque and historical vistas.

(Fig. 2) Peggy Ernst
(née Margaret Louise Joubert, 1923-2005)

A childhood of artistic ferment

Prey's aesthetic sensibilities took root during a youth surrounded by art. She often cites the profound and lasting influence of her artist mother, Peggy Ernst (née Margaret Louise Joubert, 1923-2005), (fig. 2), who taught design for nine years at New York City's Pratt Institute, one of the country's oldest and most distinguished colleges of art and design.[1] Mother and daughter spent time together painting and drawing – "I always drew," remarks Prey – in and around the family home in Manhasset, Long Island, and on occasional painting trips nearby. They painted oil and watercolor still lifes arranged by Peggy in her studio, as well as landscapes in the wooded backyard. Foretelling her later development as a painter of coastal scenes, as a teenager Prey painted

ronnements aussi divers que la ville historique taïwanaise de Tainan, la campagne de Pennsylvanie, les banlieues de Long Island et la côte du Maine – prend sa source dans ses origines insolites.

Une solide base universitaire en peinture en atelier, en histoire de l'art et de l'architecture, et en théologie, une pratique disciplinée d'après nature et en atelier caractérisée par une attention intense et exigeante portée au sujet, à la couleur et à la lumière, une riche accumulation d'expériences diverses, ont façonné le développement artistique de Prey, autant que son obstination à toujours demander le pourquoi. Ces origines, alliées à son œil exercé et sa soif de savoir et de beauté, ont produit la vision américaine de Prey. C'est une vision, à elle propre, qui décrit l'environnement bâti et naturel de ses invisibles sujets humains : paysages, marines, églises, fermes, bateaux de pêche, ateliers de flotteurs, citrouilles, couvertures en patchwork (« quilts »), drapeaux américains, et autres. De plus, en de nombreux cas, l'artiste infuse à ses visions des messages, tantôt subtils, tantôt dévoilés, d'événements et épisodes typiquement américains : la vie de plus en plus difficile des pêcheurs de homard du Maine, la profonde tragédie du 11 septembre 2001, la solitude glaciale de l'Amérique rurale pauvre. N'est-il donc pas juste que la vision américaine de Prey soit célébrée dans le cadre de la Mona Bismarck Foundation, juste en face de la vision la plus fameuse d'une ville connue pour ses vues pittoresques et historiques ?

Une enfance d'effervescence artistique

La sensibilité esthétique de Prey trouve ses racines dans une jeunesse passée dans une ambiance artistique. Elle mentionne fréquemment l'influence profonde et durable de sa mère, elle-même artiste, Peggy Ernst (née Margaret Louise Joubert, 1923-2005), (fig. 2), qui durant neuf ans, enseigna le dessin au Pratt Institute de New York, une des plus anciennes et des plus remarquables universités de peinture et de dessin des États-Unis.[1] Mère

watercolors of ocean views while perched on the rocky shore of nearby Long Island Sound. The Sound was visible from her mother's studio, just as it is from Barbara's light-filled, third-floor workspace in Oyster Bay.

Peggy Ernst's oils and watercolors – made close to home and on travels to picturesque locales such as Key West, Bermuda, the Bahamas, Jamaica, and Hawaii – and her many art books were omnipresent in the Ernst home for her daughter's interest and enjoyment. Also important for Barbara's future was her mother's display of reproductions of Winslow Homer (1836-1910)'s watercolors depicting the brilliant landscapes and seascapes of Key West and Bermuda. These undoubtedly were acquisitions inspired by Peggy's trips, later purchased during periodic mother-daughter trips to art museums in nearby New York City.[2] Less conventional was Peggy's attempt to adjust the view from her home's terrace by covering a grey birch tree with white paint, reminiscent of Frederic Church's re-alignment of the landscape elements around his Hudson River mansion to achieve his desired sight lines.[3]

This mother-daughter artistic camaraderie fed Prey's avid and active interest in making art; she contributed a watercolor to her first juried adult show at age twelve. Soon afterward, as a teenager, she began to paint watercolors in earnest, including several serene still lifes forecasting her love of saturated color (pls. 63, 64). Inspiring and supportive teachers in grade school and, later, high school nurtured her talent; her strong draughtsmanship is evident in an animated study of a tree (pl. 76). Visits to New York City museums provided the inspiration for two high school projects. In one, a large-scale acrylic mural for which the artist owns a study (pl. 78), Prey looked to several works by Henri Rousseau as muses, including *La Rêve* (1910, Museum of Modern Art). Another project was a large painting of a block of buildings in Manhasset's downtown, inspired by Edward Hopper's *Early Sunday Morning* (1930, Whitney Museum of American Art); although unlocated, the canvas is well represented by the artist's evocative, light-filled study (pl. 65 – Main Street, Manhasset, study). Remarkably, in the midst of all of this artistic activity and ferment, the precocious student spent the summer before her senior year in high school at the San Francisco Art Institute.

et fille peignirent et dessinèrent souvent ensemble – « J'ai toujours dessiné » remarque Prey – à l'intérieur comme à l'extérieur de la maison familiale de Manhasset (Long Island), et lors d'excursions occasionnelles dans les environs. Elles peignaient à l'huile ou à l'aquarelle, des natures mortes arrangées par Peggy dans son atelier, ainsi que des paysages dans le jardin boisé derrière la maison. Présageant son avenir de peintre de scènes de bord de mer, Prey, dans son adolescence, peignit des aquarelles de l'océan, juchée sur la côte rocheuse du Long Island Sound tout proche. On voyait le Sound depuis l'atelier de sa mère, exactement comme on le voit depuis l'espace lumineux où elle travaille, au troisième étage, à Oyster Bay.

Les huiles et les aquarelles de Peggy Ernst – peintes près de chez elle et au cours de voyages dans des localités pittoresques telles que Key West, les Bermudes, les Bahamas, la Jamaïque et Hawaii – et ses nombreux livres d'art étaient omniprésents dans la maison des Ernst, pour l'édification et le plaisir de sa fille. Les reproductions d'aquarelles de Winslow Homer (1836-1910), exposées par sa mère, représentant des paysages et marines lumineux de Key West et des Bermudes jouèrent aussi un rôle important pour l'avenir de Barbara. Celles-ci étaient sans doute des acquisitions inspirées par les voyages de Peggy, et plus tard achetées lors d'excursions périodiques de la mère et de la fille dans les musées d'art de New York toute proche.[2] Plus originale fut la tentative de Peggy de modifier la vue de la terrasse de sa maison en couvrant un bouleau gris de peinture blanche, rappelant ainsi le réalignement par Frederic Church des éléments du paysage autour de son manoir dans la vallée de l'Hudson, afin d'obtenir les perspectives qu'il désirait.[3]

Cette camaraderie artistique entre la mère et la fille alimenta l'intérêt, vif et actif, que ressentait Prey pour la création artistique ; elle présenta une aquarelle à sa première exposition pour adultes, jugée par un jury, à l'âge de douze ans. Peu de temps après, et avant ses vingt ans, elle commença sérieusement à peindre des aquarelles, parmi lesquelles plusieurs natures mortes pleines de sérénité, et qui annonçaient son goût pour les couleurs saturées (pls. 63, 64). Des professeurs qui surent l'inspirer et la soutenir, à l'école primaire et, plus tard secondaire, éduquèrent son talent ; son habileté au dessin est manifeste dans une étude d'arbre pleine de vivacité (pl. 76). Des visites de musées à New York fournirent l'inspiration de deux projets pendant ses études secondaires. Dans

"Not just to look, but also to see"

Prey's artistic development continued in full force as she entered Williams College, her aesthetic vision nurtured by the school's picturesque setting in Massachusetts' Berkshire Mountains. There she continued her study of studio art and received her first exposure to the history of art under the tutelage of some of the finest faculty in the world, with access to the world-renowned collections of the Williams College Museum of Art and the Sterling and Francine Clark Art Institute.[4] She was now able to study firsthand the oils and watercolors of Winslow Homer and Edward Hopper, works that were to exert a lasting influence on her work. Hungry for as much exposure to original works of art as her schedule allowed, she worked as a museum monitor at Williams and a docent at the Clark. During her junior year study in Munich and travels in Europe, she continued to look and sketch (pls. 69, 71, 83, 84); during this time she made a first trip to Paris, where she visited the Louvre, the Musée de Jeu de Paume, and the Musée de Cluny. Never idle, following her senior year at Williams she supplemented an internship at New York's Metropolitan Museum of Art with frequent study of the treasures in the nearby Frick Collection.

The remarkable amount of art and architecture Prey absorbed in four years spent in Williamstown, New York, and in Europe is indelibly etched in her razor-sharp memory.

These works continue to serve as her muses, and she often speaks passionately and knowledgeably about her encounters with them: Medieval manuscripts in a class with the venerable historian of French art and architecture Whitney Stoddard; the line and color of stained glass at Chartres and Musée de Cluny; French and German ecclesiastical architecture and sculpture in lectures and on-site at Vezelay and Chartres; and an exhibition of Mogul paintings at the Clark Art Institute. Prey peppers discussions of her work with references to numerous and varied inspirations in the Clark's collection, ranging from the color in early Netherlandish painting to that in Paul Gauguin's work, and from Albrecht Dürer's line to John Singer Sargent's bravura handling of white-on-white. It was also during this period that Prey developed a pivotal and lifelong friendship with the late art histo-

l'un, une peinture murale de grande taille à l'acrylique, dont elle possède une étude, (pl. 78), Prey s'inspira de plusieurs œuvres d'Henri Rousseau, parmi lesquelles *Le Rêve* (1910, Museum of Modern Art). Un autre projet fut un tableau de grande taille représentant un groupe de bâtiments du centre de Manhasset, inspiré par *Early Sunday Morning* (1930, Whitney Museum of American Art) d'Edward Hopper. Bien que perdue, cette toile est bien représentée par l'étude évocatrice et lumineuse de l'artiste, (pl. 65 — Main Street, Manhasset, étude). Il est remarquable qu'au milieu de toute cette activité et toute cette effervescence artistiques, l'élève précoce passa l'été précédant sa dernière année d'études secondaires à l'Art Institute de San Francisco.

« Pas seulement regarder, mais aussi voir »

Le développement artistique de Prey se poursuivit de plus belle lorsqu'elle entra à Williams College, sa vision esthétique s'enrichissant au contact du cadre pittoresque de l'université dans les Berkshire Mountains du Massachusetts. Là, elle continua à étudier en atelier et fut exposée pour la première fois à l'histoire de l'art sous la houlette de certains des professeurs les plus distingués au monde, ayant par ailleurs accès aux collections, célèbres dans le monde entier, du musée d'art du Williams College et du Sterling and Francine Clark Art Institute[4]. Elle put enfin directement observer les huiles et les aquarelles de Winslow Homer et d'Edward Hopper, œuvres qui devaient l'influencer de façon durable. Avide de découvrir les œuvres originales dans la mesure où son emploi du temps le lui permettait, elle travailla comme gardienne à Williams et comme guide à l'institut Clark. Durant son avant dernière année, qu'elle passa à Munich et en voyages à travers l'Europe, elle continua à regarder et dessiner (pl. 69, 71, 83, 84) ; à cette époque elle se rendit pour la première fois à Paris où elle visita le Louvre, le Musée du Jeu de Paume et le musée de Cluny. Jamais oisive, après sa dernière année à Williams, elle ajouta à un emploi de stagiaire au Metropolitan Museum of Art de New York de fréquentes observations des trésors de la Frick Collection toute proche.

La remarquable quantité d'art et d'architecture qu'absorba Prey dans les quatre années passées à Williamstown, à New York et en Europe est ineffaçablement gravée dans une mémoire aiguë comme une lame.

rian S. Lane Faison, Jr., legendary teacher and mentor to generations of Williams-educated artists, art historians, and art lovers.[5] It was Faison's emphasis on the connection between art and history that so strongly informed the artist's "always ask why" principle, her melding of disciplines that sets her apart from many other artists: he exhorted her (and likely many others) "not just to look, but also to see", according to Prey. Similarly, in his teaching Faison emphasized the importance of understanding "the connection of art to history", particularly that "every work of art was done somewhere and some when...".[6] As Prey herself states: "I am always looking, looking, looking....The skills you learn in art history translate to painting as an artist, You are a creator, an observer, and an interpreter, distilling your subject. Drawing on my extensive opportunities to study art around the world, [when I paint] I incorporate what I like and dismiss what doesn't apply".

Beyond the ivory tower: travels and more looking

Following Williams, Prey returned to southern Germany on a Fulbright scholarship, where she remained for two years, spending much of her time absorbing that country's rich cultural heritage. Besides cultivating her continuing interest in northern European architecture and sculpture, the artist looked intently at painters such as the nineteenth-century German Romantic painter Caspar David Friedrich, particularly his twilight and snow subjects. These works served as a springboard for Prey's works such as *Twilight* and *Twilight II* (pls. 2, 36), and would later resonate with her interest in the marine painter Fitz Hugh Lane and other American painters associated with the Hudson River School.

Returning to the U.S. in 1981, Prey was exposed to numerous works by Henri Matisse and other artists of the School of Paris as a cataloguer in the modern painting department at Sotheby's auction house in New York City. It was also at this time that she began to focus intently on drawing and to sell her work to important publications such as the *New Yorker*, which bought and reproduced her illustrations for over ten years. Magazines such as *Gourmet*, *Good Housekeeping*, and *Horticulture*, as well as the venerable *New York Times*, followed suit, granting wide exposure to Prey's lyrical sketches of architec-

Ces œuvres continuent à l'inspirer comme une muse, et elle parle souvent, avec passion et savoir, de ses rencontres avec elles : les manuscrits médiévaux dans un cours de l'historien de l'art et de l'architecture françaises, le vénérable Whitney Stoddard; les lignes et les couleurs des vitraux à Chartres et au musée de Cluny, l'architecture et la sculpture ecclésiastiques de France et d'Allemagne à travers des conférences et sur place à Vézelay et Chartres ; et une exposition de peintures mogholes au Clark Art Institute. Prey parsème sa conversation de références aux inspirations nombreuses et variées qu'elle trouva dans les collections de l'institut Clark, s'étendant de la couleur chez les primitifs flamands, à son rôle dans l'œuvre de Gauguin, du trait d'Albrecht Dürer à la virtuosité dans le traitement du contraste entre différents tons de blanc chez John Singer Sargent.

C'est aussi durant cette période que naquit une amitié essentielle et qui devait durer toute une vie entre Prey et le regretté historien de l'art S. Lane Faison, Jr., professeur légendaire et mentor de plusieurs générations d'artistes, d'historiens de l'art et d'amateurs ayant fait leurs études à Williams.[5] C'est l'accent mis par Faison sur la relation entre l'art et l'histoire qui inspira le principe cher à l'artiste de « toujours demander pourquoi » et l'alliage de disciplines diverses qui la distingue de nombre d'autres artistes ; il l'exhorta (elle et sans doute beaucoup d'autres) à « ne pas seulement regarder, mais aussi à voir », selon Prey. De la même façon, dans son enseignement Faison insistait sur l'importance de la compréhension de « la relation entre l'art et l'histoire », en particulier le fait que « toute œuvre d'art a été créée à un endroit et à un moment donnés... ».[6] Comme Prey le dit elle-même : « Je suis toujours en train de regarder, encore et toujours...Les qualités que vous acquérez en histoire de l'art se transposent dans votre peinture. Vous êtes créateur, observateur et interprète, vous distillez votre sujet. Je tire profit des nombreuses occasions que j'ai eues d'étudier les beaux-arts dans le monde entier, [lorsque je peins] j'incorpore ce que j'aime et j'écarte ce qui ne s'applique pas ».

Au-delà de la tour d'ivoire : voyages et autres regards

Après Williams, Prey repartit en Allemagne du sud grâce à une bourse Fullbright ; elle y resta deux ans et consacra la plus grande part de son temps à absorber le riche héritage culturel de ce pays. Elle ne se contenta pas

ture, genre, and still-life subjects (pls. 75, 77, 79). As she acknowledges, her earlier study of the lines of late-Gothic German sculpture, woodcuts, and etchings, as well as the woodcuts of the early Renaissance master Albrecht Dürer, was important for these drawings. The work of another *New Yorker* artist, French cartoonist Jean-Jacques Sempé, also inspired this body of work, as did the fluid draughtsmanship of Matisse and of Jean-Auguste-Dominique Ingres.[7]

(Fig. 3) Barbara Ernst Prey at her easel in Thailand

Prey continued her illustration work when she entered Harvard Divinity School in 1984, where she was inspired to pursue her Master's degree as a result of her years of exposure to Medieval, Romanesque, and Baroque art and architecture. At Harvard she probed more deeply into the ecclesiastical history that inspired the design and execution of those monuments. She also furthered her study of art history to include the art and religion of ancient Greece and Renaissance Rome as well as Chinese landscape painting, while still sharpening her eye by frequently visiting Harvard's Fogg and Busch-Reisinger museums. Significantly, despite her intellectual activity in urban Cambridge, Prey's personal sensibilities and her art-making remained closely allied with the land and the sea. She made her home in the rural towns of Boston's picturesque north shore, where she continued to draw and paint.

Abroad again: 1986-1987

Soon after her graduation from Harvard, for the first time Prey was able to steadily manifest in her art her intense study of buildings and objects, their adornments and surroundings, and the people and functions for which they were designed. This opportunity came in the form of a Henry Luce Foundation Grant to work and travel in Tainan, Taiwan, and throughout Asia. Here, Prey continued her proclivity for learning new artistic styles and techniques by studying with a Chinese Master Painter. She also delved deeply into the lives and inspira-

de cultiver l'intérêt qu'elle portait déjà à l'architecture et à la sculpture de l'Europe du nord, mais elle fixa aussi son attention sur des peintres tels que le romantique allemand du dix-neuvième siècle Caspar David Friedrich, particulièrement ses sujets crépusculaires et dans un cadre de neige. Ces œuvres servirent de tremplin à des œuvres de Prey telles que *Twilight* et *Twilight II* (pl. 2, 36), et sont à rapprocher, plus tard, de l'intérêt qu'elle porta au peintre de marines Fitz Hugh Lane et d'autres américains associés à l'école de la vallée de l'Hudson.

De retour aux Etats-Unis en 1981, Prey fut en contact avec nombre d'œuvres d'Henri Matisse et d'autres artistes de l'école de Paris, en tant que catalogueur au sein du département de peinture moderne de la société de ventes aux enchères Sotheby's à New York. C'est aussi à cette époque qu'elle commença à se concentrer sur le dessin et à vendre ses travaux à d'importantes publications telles que le *New Yorker* qui acheta et reproduisit ses illustrations pendant plus de dix ans. Des revues comme *Gourmet*, *Good Housekeeping* et *Horticulture*, de même que le vénérable *New York Times*, suivirent le mouvement, offrant une large audience aux croquis lyriques d'architecture, de scènes de genre et de natures mortes (pl. 75, 77, 79) de Prey. Comme elle l'admet, l'étude menée plus tôt dans sa vie, du trait de la sculpture gothique allemande tardive, des gravures sur bois, des eaux-fortes, et des gravures sur bois du maître du début de la Renaissance Albrecht Dürer revêtit une grande importance pour ces dessins. Le travail d'un autre artiste du *New Yorker*, le dessinateur français humouristique Jean-Jacques Sempé, inspira aussi cette partie de son œuvre, de même que la fluidité du trait de Matisse et de Jean-Auguste-Dominique Ingres.[7]

Prey continua son travail d'illustration lorsqu'elle entra à la faculté de théologie de Harvard en 1984 ; ce sont les années passées à observer l'art et l'architecture des époques médiévale, romane et baroque qui la poussèrent à suivre des études de maîtrise. A Harvard, elle explora plus profondément l'histoire ecclésiastique qui avait inspiré la conception et la construction de ces monuments.

tions of her subjects by researching Chinese folk religion, noting:

> *When I paint, I distill my surroundings. In the Taiwan paintings, for example, I was observing what inspires people, how they live their lives. The temples were interesting structures in and of themselves but also embodied the Taiwanese' strong religious beliefs, a mixture of Confucianism, Buddhism, and Animism.*

(Fig. 4) Barbara Ernst Prey in an urban Tainan neighborhood

This first full coalescing of the artist's background, interests, and inspirations bore important fruit. During her first year in Tainan Prey's progress and confidence inspired her to move beyond her previously intimately-scaled watercolors. Her first large, full-sheet paintings were the highly detailed *Confucius Temple* and the poignant *East Looks West,* the latter a masterful study in light and silhouette (pls. 50, 51). In developing her signature format, Prey was at once the observer and the observed. An anomaly both in appearance and pastime, she fascinated her new acquaintances, whether in an urban Tainan neighborhood or during a hill tribe trek in northern Thailand (figs. 3, 4).

From Asia to Appalachia, 1988-1996

In 1988 Prey relocated to western Pennsylvania with her husband Jeffrey, trading the rich social, cultural, and religious traditions of Asia for those of a vastly different environment. In the small Appalachian town of Prosperity, the artist revived the "research and immersion" methodology she had developed in Taiwan. She spent considerable time getting to know the buildings, local traditions, and hilly landscape vistas of that rural area as well as its residents, whose livelihoods ranged from farming to factory work to coal mining.

One of the many rich folk traditions of Appalachia is quilting, an activity that fosters community amongst the women and families of this historically isolated area. As succinctly stated by one quilting organization: "Quilts tell stories; they illustrate history; they express love and

Elle élargit sa connaissance de l'histoire de l'art, y incluant l'art et la religion de la Grèce antique, de la Rome de la Renaissance, ainsi que du paysage chinois, aiguisant sa vision au cours de visites fréquentes des musées Fogg et Busch-Reisinger à Harvard. Il est important de noter que la sensibilité personnelle de Prey et ses travaux artistiques restaient intimement liés à la terre et à la mer, et ce, malgré ses activités intellectuelles dans le cadre urbain de Cambridge. Elle s'établit dans les petites villes rurales du pittoresque rivage au nord de Boston, où elle continua à dessiner et à peindre.

Autres voyages à l'étranger : 1986-1987

Peu de temps après avoir obtenu son diplôme à Harvard, Prey fut en mesure pour la première fois de manifester de façon continue dans son travail l'étude intensive des monuments et des objets, de leur décoration et de leur cadre, et des hommes et des fonctions auxquels ils étaient destinés. Cette occasion lui fut donnée sous la forme d'une bourse de la Henry Luce Foundation, destinée à lui permettre de voyager et travailler à Tainan (Taiwan) et dans le reste de l'Asie. Prey y perpétua son penchant pour l'apprentissage de nouveaux styles et de nouvelles techniques en suivant l'enseignement d'un Maître Peintre chinois. Elle continua à fouiller la vie et l'inspiration de ses sujets en effectuant des recherches sur la religion populaire de Chine, notant au passage :

> *Lorsque je peins, je distille ce qui m'entoure. Dans mes peintures de Taïwan, par exemple, j'observais ce qui inspire les gens, comment ils vivent leur vie. Les temples constituaient en eux-mêmes des structures intéressantes, mais ils incarnaient aussi les vigoureuses croyances des Taïwanais, un mélange de confucianisme, de bouddhisme et d'animisme.*

La première coalescence des origines, des sujets d'intérêts et des inspirations de l'artiste porta d'importants fruits. Durant ses premières années à Tainan les progrès qu'accomplit Prey l'encouragèrent à aller au delà des dimensions, jusque là très réduites, de ses aquarelles. Ses premières peintures de grande taille, emplissant un feuil-

sorrow; they link generations together; they are community; people gather to make them and experience them; they are art; they teach". [8] Having learned of their importance to her neighbors and local community, Prey chose quilts as the subject of one of her most accomplished watercolors developed during this period, *Americana* (pl. 41). The colorful, detailed patchwork quilts, their fluttering surfaces so masterfully captured, might at first glance seem a departure in subject matter from Prey's earlier architectural and landscape views. However, just as those European and Asian subjects are symbolic of their creators, the quilts are emblematic of the proud and industrious Appalachian people and their unique culture.

Of all of Prey's work, *Americana* has perhaps the most personal meaning for the artist. The quilts depicted were made by members of the Preys' church, who gave the right-hand one to the family as a gift of friendship. But the meaning of this gesture and painting goes further; Bethel Presbyterian Church in Prosperity was her husband's first ministerial post (he and Prey had met while graduate students).

A Return to Roots: Long Island and Maine

In 1996, the Preys relocated again, to Oyster Bay, Long Island. Located east of Prey's Manhasset childhood home, here Jeffrey Prey assumed the ministry of The First Presbyterian Church of Oyster Bay, a position he has held since. In many ways, this move proved ideal for the Prey, allowing further professional enrichment, new subjects (yet a return to a familiar area), and increased proximity to their summer home in Port Clyde, Maine, on the St. George Peninsula. It is Maine, where Prey has been painting since she first visited as a college student, that has engendered the most artistic continuity – as well as the most growth and change – in Prey's work. The pull of the historic mid-coast Maine, including its residents and traditions, has been strong for her, just as it has been for generations of American artists.[9] Moreover, it is not only Maine's history as a landscape subject to which Prey feels a keen emotional connection; she has family roots on the St. George Peninsula dating to the 1700s, when her mother's ancestors lived in some of the same white houses that she has taken as her subjects.

let entier, furent le très détaillé *Temple de Confucius* et la poignante *l'Est regarde vers l'Ouest*, cette dernière œuvre constituant une étude de lumière et de silhouette parfaitement maîtrisée (pl. 50, 51). En exploitant ce format qui lui est si particulier, Prey était à la fois observatrice et observée. Anormale par son apparence comme par son passe-temps, elle fascinait ses nouvelles connaissances, que ce soit dans un quartier urbain de Tainan ou au cours d'une excursion parmi les tribus montagnardes du nord de la Thaïlande (fig. 3, 4).

De l'Asie aux Appalaches, 1988-1996

En 1988, Prey s'installa dans l'ouest de la Pennsylvanie avec son mari Jeffrey, échangeant les riches traditions sociales, culturelles et religieuses de l'Asie contre celles d'un milieu radicalement différent. Dans la petite ville appalachienne de Prosperity, l'artiste ressuscita la méthodologie de « recherche et d'immersion » mise au point à Taïwan. Elle passa beaucoup de temps à apprendre a connaître les monuments, les traditions locales et les perspectives montagneuses de cette région rurale, ainsi que ses habitants, qui gagnaient leur vie comme fermiers, ouvriers d'usine, ou mineurs de charbon.

Parmi les riches et nombreuses traditions populaires des Appalaches on compte la confection de couvertures en patchwork (« quilting »), activité qui favorise la sociabilité entre les femmes et les familles dans cette région historiquement isolée. Comme l'exprime de façon succincte une organisation de « quilting » : « les « quilts » racontent des anecdotes, ils illustrent l'histoire, ils expriment l'amour et la tristesse, ils relient les générations, ils sont le groupe, les gens se rassemblent pour les créer et les admirer ; ce sont des œuvres d'art ; ils enseignent ».[8] Ayant compris l'importance qu'ils revêtaient pour ses voisins et les gens du pays, Prey choisit les couvertures en patchwork (« quilts ») comme sujet d'une de ses aquarelles les plus achevées de cette période, *Americana* (pl. 41). Les couvertures en patchwork pleines de couleurs et de détails, leurs surfaces qui flottent au vent, saisies avec tant de maîtrise, peuvent apparaître à première vue comme un changement de sujet par rapport aux vues de monuments et de paysages précédemment peintes par Prey. Néanmoins, et de même que ces sujets européens et asiatiques symbolisent ceux qui les ont créés, de même les « quilts » symbolisent-ils le peuple fier et travailleur des Appalaches et sa culture originale.

Prey's work from her thirty years in Maine, her best-known and most mature, has taken to a new level her singular ability to observe, study, and capture the unique characteristics of her environment. Watercolors like *Americana* (pl. 41), developed in Pennsylvania, transformed into a series of paintings featuring Maine quilts, such as *Reunion at Dusk* and *Reunion* (pls. 25, 26) and *After the Rain* (pl. 6). While quilting is a folk tradition shared by the residents of (among other places) rural Pennsylvania and Maine, Prey has sought out the unique aspects of life on the Maine coast. The area's hard-working inhabitants, whose daily lives and surroundings are steeped in seafaring and lobstering traditions, capture the artist's eye year after year. She has created light-filled compositions detailing elements of the lives, work, and habitat of the lobster fishermen who are her neighbors during the summer months. It is a powerful sense of human presence – despite the absence of the figure – infused with a compelling aura of place and history that, above all, characterizes this group of Prey's exquisitely conceived and rendered watercolors.

The artist's sharply observed, painstakingly rendered portrayals explore the built environments most important to the lobster fishermen – their homes, boats, and buoy-filled winter workshops – all situated in the context of their natural surroundings of land and sea. The carefully detailed, majestic *The Apple House* (pl. 28), for example, is not only home to one of the artist's seafaring neighbors, but also surely has housed fishermen throughout the centuries of its existence. Its traditional New England architectural form of connected farm buildings, the so-called "big house, little house, back house, barn" still so ubiquitous in rural Maine, is an institution in and of itself.

As the artist has noted, these structures connect their inhabitants and us, as viewers, to the land (and the sea); these scenes link us to place, history, and elemental human pursuits in the face of our frenetic, technology-dominated lives. "The architecture", she muses, "tells a story of Maine". By extension, the fisherman's boats and buoys – the other "structures" in her work – also play important roles in telling the story of the state's coastal inhabitants and their traditions. *The Simple Life* (pl. 33), whose proud subject, stark composition, and crisp han-

Parmi toutes les œuvres de Prey, Americana est peut-être celle qui revêt la plus grande importance personnelle pour l'artiste. Les « quilts » qu'elle dépeint furent créés par des fidèles de l'église de Prey, qui firent don de celui de droite à sa famille en signe d'amitié. Mais le sens de ce geste et de cette œuvre va plus loin ; l'église presbytérienne de Bethel, dans la ville de Prosperity, fut la première charge sacerdotale du mari de Prey (ils s'étaient rencontrés durant leurs études universitaires post-licence).

Retour aux sources : Long Island et le Maine

En 1996, les Prey déménagèrent de nouveau pour s'installer à Oyster Bay (Long Island), à l'est de Manhasset, où avait grandi Prey. Jeffrey Prey y devint ministre du culte de la First Presbyterian Church d'Oyster Bay, où il exerce toujours. Ce déménagement s'avéra idéal pour Prey car il lui offrit un enrichissement professionnel, de nouveaux sujets (bien que la région lui soit bien connue) et un rapprochement avec leur maison de vacances de Port Clyde (Maine) sur la péninsule Saint George. C'est le Maine, où Prey peint depuis les premières visites qu'elle y fit durant ses études, qui a introduit le plus de continuité – de même que le plus de maturité et de changement – dans son œuvre. L'attirance exercée par la région historique de la côte centrale du Maine, avec ses habitants et ses traditions, est fortement ressentie par elle, comme elle l'a été par des générations d'artistes américains. [9] De plus, ce n'est pas seulement avec l'histoire du Maine comme sujet de paysages que Prey ressent un lien émotionnel fort ; elle possède aussi des racines familiales dans la péninsule Saint George remontant au dix-huitième siècle, lorsque des ancêtres de sa mère vivaient dans des maisons blanches semblables à celles qu'elle a choisi de peindre.

La production de Prey durant les trente années passées dans le Maine, qui constitue la partie la mieux connue et la plus aboutie de son œuvre, l'a conduite à élever encore plus haut son observation, sa réflexion et son habileté à saisir les singulières caractéristiques de son environnement. Des aquarelles comme *Americana* (pl.41), conçue en Pennsylvanie, se sont transformées en une série de peintures qui représentent des « quilts » du Maine, telles que *Reunion at Dusk* et *Reunion* (pl. 25, 26) et *After the Rain* (pl. 6). La confection de patchworks représente une tradition d'art populaire partagée par les habitants de la campagne de Pennsylvanie et du Maine, entre autres régions ; Prey s'est néanmoins mise à la recherche des as-

dling betray its title, is – both cause of and in spite of its evident straightforwardness – emblematic of that story. [The same might be said of that painting's nautical equivalent, *Wayfarers* (pl. 32)]. It is the successful realization of her desire to connect her images to history, tradition, and the land that aligns Prey with earlier American painters whose work has influenced her own.

Prey's pristine Maine landscapes and seascapes evoke the power and permanence of nature in contrast to the comparative insignificance and transience of human life, a belief held dear by the Hudson River School painters of a century and a half ago. *The Long Haul* (pl. 30), for example, calls to mind the sensibilities of Fitz Hugh Lane's tranquil harbor scenes such as *Shipping in Down East Waters* (c. 1850, The Farnsworth Art Museum).[10] It does so not only in subject and masterful handling of atmospheric effects and reflections, but in the suggestion of the enduring presence of nature and its spiritual associations. The simple gray lobsterman's workshop in the middle ground of *Birdhouses* (pl. 48) set on the edge of a sweeping meadow detailed with the subtle greens and browns of fall grasses, recalls the diminutive mountain cabin seen in some of Thomas Cole's landscapes that symbolized the ultimate inadequacy of man relative to God's presence in nature.[11] The artist also shares the American Impressionist painters' exultant yet historically aware approach to their themes. Quite often these were views in the New England landscape, "rich not only in historical associations but also in personal significance... subjects that enabled (the American Impressionists) to express ideas and sentiments that appealed to an audience that cherished tradition and continuity in the face of change".[12]

The changes testing the resolve of turn-of-the-twentieth-century Americans primarily involved increasing immigration and urbanization. Those faced by the U.S. one hundred years later are vastly more complex, ranging from the environment to rapidly changing technology to national security. Like her predecessors, Prey is keenly aware that modern events as well as historical patterns hold powerful sway over the way we experience our surroundings. And like many of her artist contemporaries, she struggled with questions of her work's relevance after the tragedies of September 11,

pects caractéristiques de la vie sur la côte du Maine. Les gens du pays, durs à la tâche, dont la vie quotidienne et le milieu baignent dans les traditions des gens de mers et des pêcheurs de homard, arrêtent son regard, année après année. Elle a créé des compositions lumineuses, pleines des détails composant les vies, les travaux, l'habitat des pêcheurs de homard qui sont ses voisins pendant les mois d'été. C'est un vigoureux sens d'une présence humaine, bien que tout personnage en soit absent, baigné par un irrésistible rayonnement du lieu et de l'histoire, qui caractérise par-dessus tout ce groupe d'aquarelles, pensées et réalisées de si exquise façon par Prey.

Les portraits de l'artiste, basés sur une observation acérée et rendus avec application, explorent l'environnement bâti le plus important pour les pêcheurs de homard – leurs maisons, leurs bateaux, leurs ateliers d'hiver remplis de flotteurs – tous situés dans le contexte de leur milieu naturel, terrestre et maritime. La majestueuse *The Apple House* (pl. 28), par exemple, minutieusement détaillée, est non seulement l'habitation d'un des marins voisins de l'artiste, mais a certainement aussi abrité des pêcheurs à travers les siècles de son existence. Son architecture traditionnelle, typique de la Nouvelle Angleterre, constituée de plusieurs bâtiments agricoles reliés entre eux, la « grande maison », la « petite maison », la « maison de derrière », la « grange », qu'on trouve encore partout dans la campagne du Maine, est en elle-même une institution.

Comme l'a noté l'artiste, ces structures relient les gens qui y vivent ainsi que nous-mêmes, le spectateur, à la terre (et à la mer) ; ces scènes nous rattachent à des lieux, une histoire, et un labeur humain fondamental, à l'opposé de nos vies enfiévrées et dominées par la technologie. « L'architecture », rêve-t-elle à haute voix, « raconte une histoire du Maine ». Par extension, les bateaux et les flotteurs des pêcheurs – les autres « structures » dans son œuvre – jouent aussi un rôle important dans l'histoire qu'elle raconte, sur les habitants de la côte et leurs traditions. *The Simple Life* (pl. 33), dont le sujet hautain, la composition rigide et la manière tranchante font mentir le titre est, à la fois à cause de, et malgré son évidente sincérité, emblématique de cette histoire. (On pourrait faire le même commentaire au sujet de l'équivalent nautique de cette œuvre, *Wayfarers* [pl. 32]). C'est la réalisation réussie de son désir de relier ses images à l'histoire, à la tradition

2001. In rural Maine, she observed and recorded the sudden ubiquity of American flags, like those tied to a church railing in *Patriot* (pl. 23) – locating in an historical moment the otherwise timeless weathered clapboard architecture that had long served among her subjects. Less overt tributes to the Twin Towers are embedded in works such as *September 26* (pl. 39) whose sole focus is a pair of windows united by a graceful apple tree branch.

In addition to broader national issues, Maine's particular twenty-first-century changes are the opposite of those faced by turn-of-the-twentieth-century Americans. Rather than flocking to the cities to pursue work and the "American dream" in increasingly developed surroundings, many post-September 11 Americans are retreating to Maine and other rural environs seeking a simpler lifestyle. The irony of this influx of people "from away", of course, is that the resulting increase in property values and real estate development in Maine imperils precisely that which is so eagerly sought: the pristine and history-laden character of the landscape and the traditional *modus vivendi* nurtured by it.[13] In turn, this reversal will seriously challenge the "tradition and continuity" treasured by the longtime Maine residents whose lives and livelihoods are the subjects of Prey's paintings. Ironically, these very ideals may also be endangered by the lobster fishing industry itself. While Port Clyde ranked among New England's major fishing ports for the first time in 2003, that same year the western part of Penobscot Bay elected to reduce the number of lobstermen in this lucrative area (which encompasses Port Clyde). Some fisherman fear that this resolution will jeopardize their younger compatriots and those inhabiting smaller islands and towns, as well as the operators of smaller boats.[14] As the artist muses, "I am chronicling a way of life that may not always be".

In these works the sense of place and its history, both natural and human, is intensified and universalized through the absence of the figure. Prey contends that a figure or figures would "stop the viewer" and assume the focus of attention, becoming the provider of a bounded narrative. Instead, the viewer's response to her watercolors is open-ended. The renderings of landscape, seascape, structures, and boats may be valued either for their considerable aesthetic appeal and technical mastery

et à la terre, qui rapproche Prey de peintres américains qui l'ont précédée et dont l'œuvre a influencé la sienne.

Les paysages et les marines immaculés du Maine, tels que les a peints Prey, évoquent la puissance et la permanence de la nature, par contraste avec l'insignifiance et la courte durée d'une vie humaine, selon la conviction chère aux peintres de l'école de la vallée de l'Hudson il y a un siècle et demi. *The Long Haul* (pl. 30), par exemple, rappelle la sensibilité des paisibles scènes portuaires de Fitz Hugh Lane, comme *Shipping in Down East Waters* (c. 1850, The Farnsworth Art Museum).[10] Il la rappelle non seulement par son sujet et le traitement magistral des effets d'atmosphère et de reflets, mais par la façon qu'il a de suggérer la présence permanente de la nature et la spiritualité qui lui est liée. Le simple atelier gris du pêcheur de homards dans le plan intermédiaire de *Birdhouses* (pl. 48), posé au bord d'un vaste pré où sont détaillées les herbes automnales en de subtils verts et bruns, rappelle la minuscule cabane de montagne que l'on peut voir dans certains paysages de Thomas Cole qui symbolisaient l'absolue imperfection de l'homme en face de la présence de Dieu dans la nature.[11] L'artiste partage aussi l'approche triomphante, bien que consciente de l'histoire, par les Impressionnistes américains des thèmes qu'ils traitaient. Très souvent, c'étaient des vues de paysages de Nouvelle Angleterre « riches non seulement d'associations historiques, mais aussi de signification personnelle….des sujets qui permettaient (aux Impressionnistes américains) d'exprimer des idées et des sentiments séduisants pour un public qui chérissait la tradition et la continuité au milieu du changement ».[12]

Les changements qui mettaient á l'épreuve le courage des Américains du tournant du vingtième siècle concernaient principalement l'immigration et l'urbanisation. Ceux auxquels font face les Etats-Unis cent ans plus tard sont largement plus complexes et vont de l'environnement à la rapide évolution de la technologie et à la sécurité nationale. De même que ses prédécesseurs, Prey possède une conscience aiguë de la puissante influence que les événements modernes comme les modèles historiques exercent sur la façon dont nous éprouvons le monde qui nous entoure. Et, comme nombre de ses contemporains artistes, elle s'est colletée avec la question de l'utilité de son travail dans le contexte de la période qui suit les tragédies du 11 septembre 2001. Elle a remarqué, dans la campagne du Maine, l'omniprésence soudaine

(belying the often difficult lives of their occupants), or for their evocation of something deeper, more spiritual or personal; we often yearn to know more about the lives of these families. In this way, the works find their closest parallel in the paintings and watercolors of Edward Hopper, who, according to his fellow painter Guy Pène du Bois, "never stopped...preferring to portray houses and steam engines to men".[15] His paintings of Maine and Cape Cod farmhouses, boats, and landscapes share with works such as *Early Risers* (pl. 12) a weighted, nearly mystical character and the invitation to imagine human presence, rendered in an unaffected representational style.[16] The painter Charles Burchfield's eloquent analysis of Hopper's approach resonates when considering Prey's views:

> *Hopper's viewpoint is essentially classic; he presents his subjects without sentiment, or propaganda, or theatrics. He is the pure painter, interested in his material for its own sake, and in the exploitation of his idea of form, color, and space division. In spite of his restraint, however, he achieves such a complete verity that you can read into his interpretations of houses...any human implications you wish; and in his landscapes there is an old primeval Earth feeling that bespeaks a strong emotion felt, even if held in abeyance.[17]*

The absence of evident navigators in *Optimist* (pl. 22) or of laborers in *A Work in Progress* (pl. 42), then, allow the viewer to contemplate the seafarers' hopes, dreams, and livelihood, and thereby to sense their presence, their activity, and the spaces they occupy. While there is no comparison between the ultimate, unseen meaning of these images and the tragic space shuttle disaster memorialized in *Columbia Tribute* (pl. 47); the artist's observation on her choice of subject for the latter commission resonates with her carefully chosen Maine themes. She has stated that she wanted to capture the spirit of the astronauts by portraying the vessel that embodied their hopes and dreams, the marker of a place and an activity so important in the lives of its unseen protagonists.[18] Besides the Columbia painting her distinguished NASA commissions include those for painting the International Space Station (2003), the x-43 (2005), and the Shuttle Discovery's return to flight (2005). Perhaps not surprisingly, the artist notes that these projects

des drapeaux américains, comme ici attachés à la clôture d'une église dans *Patriot* (pl. 23) – plaçant à un instant historique l'architecture sans âge de bardeaux patinés par le temps qui lui sert depuis longtemps de sujet. Des hommages moins évidents aux deux tours (du World Trade Center, N.d.T.) sont enchâssés dans des œuvres telles que *September 26* (pl. 39), dont le seul point focal est une paire de fenêtres unies par une gracieuse branche de pommier.

En sus des questions plus étendues qui occupent le pays tout entier, les changements du vingt-et-unième siècle propres au Maine sont à l'opposé de ceux auxquels faisaient face les Américains du début du vingtième siècle. Plutôt que se presser dans les villes à la recherche d'un emploi et du « rêve américain » dans un cadre de plus en plus développé, nombre d'Américains d'après le 11 Septembre s'évadent vers le Maine et d'autres régions rurales pour y trouver une vie plus simple. L'ironie de cet afflux de gens « d'ailleurs », bien sûr, est que l'augmentation des prix de l'immobilier et les nouveaux lotissements du Maine mettent en danger précisément ce qui est tellement recherché : le caractère intact et chargé d'histoire du paysage et traditionnel le *modus vivendi* qu'il conditionne.[13] A son tour, ce changement jette un sérieux défi à « la tradition et la continuité » prisées par les habitants originaires du Maine dont les vies et les travaux constituent le sujet des peintures de Prey. Ironiquement, ces idéaux mêmes risquent d'être bientôt compromis par l'industrie de la pêche au homard elle-même. Alors que Port Clyde faisait partie pour la première fois en 2003 des principaux ports de pêche de Nouvelle Angleterre, la même année la partie occidentale de la baie de Penobscot a choisi de réduire le nombre de pêcheurs de homard dans cette zone productive, qui inclut Port Clyde. Certains pêcheurs craignent que cette décision ne menace leurs plus jeunes compatriotes et les habitants des îles et villages les plus petits, ainsi que les patrons des plus petits bateaux.[14] Comme le dit l'artiste d'un ton rêveur, « J'écris la chronique d'une vie qui ne durera peut-être pas toujours ».

Dans ces œuvres l'appartenance à un lieu et à une histoire, naturels et humains à la fois, est intensifiée et rendue universelle grâce à l'absence de personnages. Prey soutient qu'un ou plusieurs personnages « arrêteraient le spectateur » et concentreraient son attention, imposant ainsi des limites à la narration. Au contraire, la réaction du spectateur à ses aquarelles reste ouverte. On peut apprécier le rendu des paysages, des marines, des bâti-

have helped her realize the fragility of the world and man's place in it. Commenting on her intense dedication to researching every subject and its underlying essence, she notes: "Just as I researched Chinese religion when painting the temples of Tainan, I spent eighteen months studying my NASA subjects in order to complete my commissions".

In the Maine works, our imaginations are enticed not only by the houses, boats, and sheds themselves, but also by the exquisitely wrought details that animate the compositions: the particular shape of a hull that bespeaks a boat's place of origin, the vibrant paint colors chosen by the fisherman to distinguish their trap buoys. One wonders about the resolute women, living or dead, who painstakingly sewed the quilts drying on clotheslines in *Early Risers* (pl. 12); the personality who inscribed his favorite beer brand on the rafters of his workshop (pl. 8); or the family member who so sensitively arranged starfish on a window sash above a blooming geranium (pl. 35), just as sensitively rendered by the artist with a hint of *japonisme* in the delicate apple tree limbs that complete the composition *Harvest* (pl. 17) and *Branch Hangers* (pl. 19).

These details are nowhere more densely worked or meticulously rendered than in the group of winter workshop interiors, the most innovative compositions in this series and an entirely new subject for Prey. Inspired in part by the highly decorated interior depicted on the 2003 White House Christmas card (pls. 38, 80) – another highly prestigious U.S. Government commission that the artist carefully researched and executed – these intricately composed works also testify to her predilection for strong color and her interest in probing beneath exterior appearances. "I've always been fascinated with what is inside, from the outside looking in", the artist admits, voicing the innocently voyeuristic pastime pursued by many. An ambitious 2004 watercolor, *Blue Note* (pl. 1) and the later *Work in Progress* (pl. 42) provide glimpses into these bright and congenial havens for the off-season work of trap repair, buoy painting, and line cleaning, as well as socializing.[19] The tiers upon tiers of painstakingly drawn and painted buoys – still lifes, as the artist notes – provide a stark contrast to the windows betraying the cold, foggy coastline beyond. Together, these elements

ments et des bateaux pour son charme esthétique et sa maîtrise technique, tous deux considérables, et que démentent les vies souvent rudes des habitants, ou pour leur évocation de quelque chose de plus profond, de plus spirituel ou de plus personnel ; nous sommes souvent curieux d'en savoir plus sur la vie de ces familles. Ainsi, ces œuvres trouvent-elles leur plus proche parallèle dans les peintures et aquarelles d'Edward Hopper, qui, selon son confrère peintre Guy Pène du Bois, « ne cessa jamais …de préférer peindre des maisons et des locomotives à vapeur plutôt que des êtres humains ».[15] Ses peintures de fermes, de bateaux et de paysages du Maine et de Cape Cod ont en commun avec des œuvres comme *Early Risers* (pl. 12) un poids, un caractère presque mystique et une invitation à imaginer une présence humaine, rendus en un style figuratif sans prétention.[16] L'éloquente analyse, par le peintre Charles Burchfield, de l'approche adoptée par Hopper s'éclaire lorsque l'on considère les vues exprimées par Prey :

Le point de vue de Hopper est essentiellement classique ; il présente son sujet, sans sentimentalité, ni propagande, ni théâtralité. C'est un peintre pur, qu'intéressent son sujet par lui-même, et l'utilisation de son idée de forme, de couleur, de division de l'espace. Malgré sa réserve cependant, il atteint à une vérité si complète que l'on peut lire dans ses interprétations de maisons…l'implication humaine, quelle qu'elle soit, que l'on y cherche ; et dans ses paysages se trouve un sentiment ancien de la Terre primitive qui trahit la puissance de l'émotion ressentie, même si celle-ci est suspendue.[17]

L'absence de navigateurs visibles dans *Optimist* (pl. 22) ou d'ouvriers dans *A Work in Progress* (pl. 42) permet alors au spectateur de contempler les espoirs, les rêves et le gagne-pain des marins et par là même de ressentir leur présence, leur activité et l'espace qu'ils occupent. Bien qu'il n'y ait pas de comparaison entre l'ultime sens caché de ces images et la tragédie du désastre de la navette spatiale commémoré par *Columbia Tribute* (pl. 47), les observations de l'artiste sur le choix de son sujet pour cette dernière commission s'harmonisent avec les thèmes du Maine qu'elle choisit avec tant de soin. Elle a expliqué qu'elle voulait saisir l'esprit des astronautes en faisant le portrait du vaisseau qui incarnait leurs espoirs et leurs rêves, le monument d'un lieu et d'une activité qui jouent un si grand rôle dans la vie de leurs invisibles protagonistes.[18] En plus de la peinture du vaisseau Columbia,

comprise a perfect case study of Prey's mastery of the unforgiving medium of watercolor (seen to completely different, but just as compelling, effect in the masterful *Ghost House* (pl. 15). Since not a single element may be changed after it has been painted, the artist prepares methodically for the final compositions. Repeated visits to steal glimpses of these workshops yielded photographs for study and, later, luminous sketches carefully squared off for eventual enlargement. This working method is also seen to instructive effect by comparing the intimately-scaled *Evening Palette Study* (pl. 55), to the finished work *Evening Palette* (pl. 10). Differences in palette, composition, and handling of the sky reveal the thoughtful, meticulous process in which the artist engages as she progresses to her finished paintings.

Like the lobster fisherman's hardscrabble, tradition-laden work so easily overlooked by the tourist who sees only the romanticism of the seafaring life (or the price per pound), the rigors and complexities of Prey's own work may, to some, be eclipsed by the peacefulness of her images. Pure form and hue are here judged on their own considerable merits, but the viewer is simultaneously challenged to question existing assumptions about the appearance of watercolor; these are, after all, more paintings than works on paper in their edge-to-edge color and in their many layers of wash, allowing alternating passages of translucency and opacity. Moreover, we are provoked to think more deeply about their subject matter; to imagine beyond the vessels and buildings, venturing in our mind's eye deep into the lives and spirits of their unseen occupants, into the story of Maine.

Barbara Ernst Prey's career is thirty-five years young; her lifelong learning continues unabated. "We look and we learn and we incorporate and then we put our own mark, world view, and experience in to the work," muses Prey. The artist continues to take the watercolor medium, which has an august role in the history of American art, to innovative – yet traditionally rooted – places. Looking as well as seeing, she searches out new vistas, compositions, and ideas in the landscapes and environments that are her home. Recently, some of her work has exhibited more abstract tendencies. There are lone, large-scale boats set against stark backgrounds of deep blue water, not bounded by foreground or sky, *Vanishing Point* (pl.

les importantes commissions que lui a confiées la NASA comprennent la peinture de la Station Spatiale Internationale (2003), l'X-43 (2005) et le vol de retour de la navette Discovery (2005). Sans grande surprise peut-être, l'artiste note que ces travaux l'ont aidée à apprécier la fragilité du monde et la place qu'y occupe l'humanité. Elle fait ce commentaire sur les recherches intenses et acharnées qu'elle effectue sur chacun de ses sujets ainsi que sur leur essence cachée : « De même que j'ai étudié la religion de la Chine lorsque j'ai peint les temples de Tainan, de même ai-je consacré dix-huit mois à m'instruire sur les sujets que m'a confiés la NASA pour réaliser mes commandes ».

Dans les œuvres consacrées au Maine, notre imagination se trouve séduite non seulement par les maisons, les bateaux, et les hangars eux-mêmes, mais aussi par les détails, reproduits de façon si exquise, qui animent les compositions : la forme particulière d'une coque qui révèle l'origine d'un bateau, les teintes éclatantes des peintures choisies par les pêcheurs pour distinguer les flotteurs de leurs casiers. Nous nous interrogeons sur les femmes déterminées, vivantes ou mortes, qui ont cousu à grand'peine les « quilts » séchant sur les cordes à linge dans *Early Risers* (pl. 12); la personnalité de celui qui a inscrit la marque de sa bière préférée sur les poutres de son atelier (pl. 8); ou le membre de cette famille qui a arrangé avec tant de sensibilité une étoile de mer sur le châssis d'une fenêtre au dessus d'un géranium en fleur (pl. 35), rendus avec une égale sensibilité par l'artiste avec une touche de japonisme dans les délicates branches de pommier qui complètent la composition *Harvest* (pl. 17) et *Branch Hangers* (pl. 19).

Ces détails ne sont nulle part travaillés de façon aussi dense ni rendus plus méticuleusement que dans le groupe d'intérieurs d'ateliers, qui constituent les compositions les plus novatrices de cette série, et un sujet entièrement neuf pour Prey. Inspirées en partie par l'intérieur, richement décoré, dépeint dans la carte de Noël de 2003 de la Maison Blanche (pl. 38, 80), qui constitue une autre prestigieuse commission de la part du Gouvernement américain étudiée et exécutée avec soin par l'artiste, ces œuvres complexes témoignent aussi de sa prédilection pour les couleurs fortes et l'intérêt qui la pousse à sonder au-delà des apparences extérieures. « J'ai toujours été fascinée par ce qui est dedans, lorsqu'on regarde de l'extérieur » admet l'artiste, exprimant ainsi l'innocent divertissement de beaucoup de curieux. Une ambitieuse aquarelle de 2004,

45); buoy workshops whose exteriors read like color field paintings, *Sanctum* (pl. 3); and minimal, nearly abstract seascapes devoid of the familiar boats, *Still Water* (pl. 27). Lone figures enliven more narrative works, *The Mender* (pl. 37), yet those images share with the other recent paintings a minimal sensibility and nearly mystical feeling. In still another group, the artist examines familiar surroundings during different weather effects or times of day such as *Twilight* (pl. 2) and *First Snowfall* (pl. 7).

Perhaps Prey's observations on her choice of watercolor as a medium serve as the consummate metaphor for her ongoing development and experimentation as a painter. She remarks on the deep appeal of the technique's fluidity while recognizing its simultaneously unpredictable nature, which often necessitates improvisation. Watercolor, she notes, "develops on its own...you have an idea, but the beauty is in the process".

Sarah Cash
May 2007

Blue Note (pl. 1), et *Work in Progress* (pl. 42), plus récent, nous découvrons l'intérieur de ces clairs et accueillants refuges des travaux hors saison, réparation des casiers, peinture des flotteurs, nettoyage des lignes, et aussi cadres de réunions amicales .[19] Les flotteurs, étagés sur plusieurs rangs, dessinés et peints avec minutie – des natures mortes, comme le note l'artiste – offrent un puissant contraste avec les fenêtres qui laissent voir la côte froide et brumeuse en dehors. Ensemble, ces éléments constituent une parfaite illustration de la maîtrise de l'aquarelle, technique qui ne pardonne pas l'erreur, que possède Prey, et que l'on voit, utilisée de façon complètement différente mais tout aussi irrésistible, dans le magistral *Ghost House* (pl. 15). Aucun élément ne pouvant être changé après avoir été peint, l'artiste prépare les compositions finales méthodiquement. Des visites répétées à ces ateliers ont fourni des photographies à étudier et, plus tard, des esquisses lumineuses soigneusement mises à l'équerre afin d'être ultérieurement agrandies. Cette méthode de travail est aussi illustrée d'instructive façon par la comparaison d'*Evening Palette Study* (pl. 55), à l'échelle réduite, avec l'œuvre achevée *Evening Palette* (pl. 10). Des différences dans la palette, la composition et le traitement du ciel révèlent le processus réfléchi, méticuleux, dans lequel s'engage l'artiste, dans sa progression vers l'achèvement de ses peintures.

De même que le travail misérable, ancré dans la tradition, des pêcheurs de homard est si facilement ignoré des touristes qui ne voient que le côté romantique de la vie des marins (ou le prix à la livre du homard), de même la rigueur et la complexité de l'œuvre de Prey risquent d'être, pour certains, éclipsées par la paix qui se dégage de ses images. Ici, la forme pure et la couleur sont jugées selon leurs considérables mérites, mais, en même temps, le spectateur doit confronter le questionnement des préjugés qui entourent l'apparence de l'aquarelle ; nous avons ici des peintures, plus que des œuvres sur papier, avec leurs aplats de couleurs et leurs nombreuses couches de lavis, autorisant l'alternance de diaphanéité et d'opacité. De surcroît, nous sommes contraints à une réflexion plus profonde sur le sujet de ces images, à imaginer ce qui se trouve derrière les vaisseaux et les bâtiments, à nous aventurer, avec l'œil de notre esprit, dans les profondeurs des vies et des âmes de leurs invisibles occupants, dans l'histoire du Maine.

Author's Note: The author would like to express sincere thanks to Kristina Didouan and the staff of the Mona Bismarck Foundation for their support and, above all, to Barbara Ernst Prey for her patience and assistance with the preparation of this essay. Unless otherwise indicated, any quotes from, or paraphrasing of, Barbara Ernst Prey derive from in-person and telephone interviews conducted with the artist between January 2005 and May 2007, as well as emails received from her during that time. This research was conducted both in preparation for the current exhibition and publication as well as for the 2005 exhibition and catalogue of Prey's work entitled *Works on Water* (see bibliography). Some of the text in the current essay addressing Prey's Maine work derives from the author's essay in the *Works on Water* catalogue.

[1] Prey's relentless pursuit of her art-making resonates with the fact that her mother declined Pratt's offer to become its first dean of women in order to continue teaching. She served as instructor in two-dimensional design at Pratt from 1947-1956 (email to the author from Paul Schlotthauer, Pratt Librarian and Archivist, May 8, 2007). Prey cites her father, Herbert Ernst (1898-1985), as always supportive of her mother, herself, and their careers; he also helped to inspire his daughter's love of nature. A successful professional orthodontist (and Columbia University faculty member) whose New York City practice attracted prominent international clients, Ernst was an educated, cultured, and worldly figure whose love of music, travel, and above all, knowledge, strongly influenced Prey's life and work.

[2] The Homer watercolor reproductions included *Nassau* and *Flower Garden and Bungalow, Bermuda* (both, 1899, Metropolitan Museum of Art). These prints were complemented by one reproducing Homer's oil *Snap the Whip* (1872, Metropolitan Museum of Art).

[3] Peggy, an environmental enthusiast who became upset if a neighbor cut down a tree, would not have taken Church's drastic measures. Equally amusing were her painted enlivenments of the Ernst family home. As Prey recalls with some amusement, her mother also put her skills to practical use by creating a shuffleboard game and *trompe-l'oeil* flagstones in the basement, enlivening the kitchen floor with Jackson Pollock-style drip paint-

La carrière de Barbara Ernst Prey n'a que trente-cinq années ; son apprentissage d' « étudiante à vie » continue sans relâche. « Nous regardons, nous apprenons et nous absorbons puis nous imposons notre marque, notre vision du monde et notre expérience à l'œuvre » médite-t-elle à haute voix. L'artiste continue à porter le médium de l'aquarelle, qui possède un rôle imposant dans l'histoire de l'art américain, vers des directions nouvelles, quoiqu'enracinées dans la tradition. Elle regarde, autant qu'elle voit, elle cherche de nouveaux points de vue, de nouvelles compositions, de nouvelles idées dans les paysages et les environnements qui constituent son pays. Récemment, son travail présente des tendances plus abstraites. On voit des bateaux seuls, de grande taille, placés devant des arrière-plans désolés, d'une eau d'un bleu profond, qui ne sont limités ni par le premier plan ni par le ciel, *Vanishing Point* (pl. 45) ; des ateliers d'entretien de flotteurs dont l'extérieur semble une peinture dans le style des « champs colorés », *Sanctum* (pl. 3) ; et des marines minimalistes, presqu'abstraites, vides des habituels bateaux, *Still Water* (pl. 27). Des personnages solitaires animent les œuvres plus narratives, *The Mender* (planche 37), mais partagent avec les autres peintures récentes une sensibilité minimaliste et un sentiment presque mystique. Dans un autre groupe, l'artiste examine des cadres familiers durant différents effets atmosphériques et à différentes heures du jour, comme *Twilight* (pl. 2) et *First Snowfall* (pl. 7).

Peut-être pouvons-nous considérer l'observation de Prey sur son choix de l'aquarelle comme médium, comme la parfaite métaphore de son évolution en cours et de son évolution en tant que peintre. Elle fait observer le caractère séduisant de la fluidité qu'induit cette technique, tout en admettant son caractère imprévisible, qui impose souvent d'improviser. L'aquarelle, note-t-elle, « se développe toute seule…on a une idée, mais la beauté se trouve dans le processus ».

Sarah Cash
Mai 2007

Note de l'Auteur : L'auteur souhaite exprimer sa sincère gratitude à Kristina Didouan et au personnel de la Mona Bismarck Foundation pour leur soutien et, par-dessus tout, à Barbara Ernst Prey pour sa patience et son

ing, and brightening a sunroom's walls with flowers and butterflies.

⁴ She ultimately majored in German and the history of art.

⁵ It was Faison who inspired Prey's interest in the development of southern German baroque and rococo architecture and art; her honors thesis served as the first chapter of Faison's unfinished book on that subject.

⁶ *The Boston Globe*, Nov. 13, 2006, obituary of Lane Faison by Michael J. Bailey, Globe Staff. It might also be said that Prey is the perfect embodiment of Faison's lifelong advocacy for bringing artists ("people of the eye", as he called them) together with art historians ("people of the mind"). See John Hyland, Jr., appreciation of S. Lane Faison, Jr., in *CAA News* (March 2007), 30.

⁷ Prey remembers copying the folds of the remarkable dress in Ingres' portrait *Comtesse d'Haussonville* (1845) in the Frick Collection.

⁸ The Alliance for American Quilts, quoted on www.digitalheritage.org.

⁹ However, as Prey points out, in the late 1970s Maine was far less populated with residents and summer visitors – and artists – than it is in 2007.

¹⁰ Reproduced in Pamela J. Belanger, *Maine in America: American Art at the Farnsworth Art Museum* (Rockland, Maine: The Farnsworth Art Museum, 2000), 56.

¹¹ See, for example, Cole's *Notch of the White Mountains (Crawford Notch)*, 1839, National Gallery of Art, Washington, D.C., reproduced in Earl A. Powell, *Thomas Cole* (New York: Harry N. Abrams, Inc., 1990), 95.

¹² Doreen Bolger, David Park Curry, and H. Barbara Weinberg, with N. Mishoe Brennecke, *American Impressionism and Realism: The Painting of Modern Life, 1885-1915* (New York: The Metropolitan Museum of Art, 1994), 66.

¹³ Katie Zezima, "In Maine, Trying to Protect and Old Way of Life," *The New York Times*, March 25, 2007, Sec-

assistance dans la préparation du présent essai. Sauf indication contraire, toutes les citations ou paraphrases de Barbara Ernst Prey proviennent d'entretiens avec l'artiste, en personne ou par téléphone, entre janvier 2005 et mai 2007 ainsi que d'emails reçus d'elle durant cette période. Les recherches ont été effectuées à la fois pour préparer l'exposition et la publication actuelles, et pour l'exposition de 2005 et son catalogue intitulés *Works on Water* (voir la bibliographie). Plusieurs parties du texte du présent essai sur les travaux de Prey sur le Maine sont extraites de l'essai de l'auteur pour le catalogue de *Works on Water*.

¹ L'application acharnée de Prey à pratiquer son art rappelle le fait que sa mère déclina autrefois une proposition du Pratt Institute d'en devenir le premier doyen femme afin de continuer à enseigner. Elle fut professeur de design en deux dimensions à Pratt de 1947 à 1956 (e-mail à l'auteur de Paul Schlotthauer, bibliothécaire et archiviste de Pratt, 8 mai 2007). Prey parle de son père Herbert Ernst (1898-1985), comme d'un soutien constant pour sa mère, pour elle-même et pour leurs carrières respectives ; il contribua aussi à inspirer son amour de la nature. Orthodontiste ayant réussi, membre du corps enseignant de l'université Columbia, il avait acquis une clientèle de personnages connus internationalement. C'était un homme instruit et cultivé, introduit dans le monde, dont l'amour qu'il avait pour la musique, les voyages, et, par dessus tout, le savoir, influencèrent fortement la vie et l'œuvre de Prey

² Les reproductions d'aquarelles de Homer comprenaient *Nassau* et *Flower Garden and Bungalow, Bermuda* (toutes deux, 1899, Metropolitan Museum of Art). Ces estampes étaient complétées par une reproduction d'une huile de Homer *Snap the Whip* (1872, Metropolitan Museum of Art).

³ Peggy, écologiste passionnée qui s'émouvait lorsqu'un voisin coupait un arbre, n'aurait jamais agi de façon aussi extrême que Church. Tout aussi amusantes étaient les peintures dont elle égayait la maison familiale des Ernst. Comme se le rappelle Prey, quelque peu amusée, sa mère utilisa son talent de façon pratique en créant un jeu de palets et un dallage en *trompe-l'œil* au sous-sol ; elle anima le sol de la cuisine avec une imitation du « drip painting » de Jackson Pollock, et égaya les murs d'un solarium de fleurs et de papillons.

tion I, page 18, Column 1, discusses rising real estate values and the resulting vulnerability of Port Clyde's working docks, many of which are not owned by the fishermen who rely on them daily for their livelihoods.

[14] Ben Neal, "Maine's Most Lucrative Lobster Zone Considers Limited Entry", *The Working Waterfront* (web edition), October 2003 and Nancy Griffin, "Port Clyde Joins List of 'Major' New England Fishing Ports", *The Working Waterfront* (web edition), December 2004.

[15] Guy Pène du Bois, *Edward Hopper* (New York: Whitney Museum of American Art, c. 1931), as quoted in Belanger, *Maine in America*, 132.

[16] Among Hopper's Maine works are four watercolors done in Rockland, including *Haunted House* (1926); see Belanger, *Maine in America*, 132-135. A particularly notable Cape Cod painting is *Mrs. Scott's House* (1932), Maier Museum of Art, Randolph-Macon Woman's College, reproduced in Ellen M. Schall, John Wilmerding, and David M. Sokol, *American Art, American Vision: Paintings from a Century of Collecting* (Maier Museum of Art, Randolph-Macon Woman's College, 1990), 107.

[17] Charles Burchfield, "Edward Hopper, Classicist," in *Edward Hopper Retrospective Exhibition* (New York: The Museum of Modern Art, 1933), 16; quoted in Belanger, *Maine in America*, 132.

[18] Televised interview with the artist by Carol Lin, CNN Sunday, February 1, 2004.

[19] Paradoxically, these confined spaces apparently may contribute to respiratory ailments sometimes exhibited by the fishermen. Paint, chemicals, smoke from the burning of Styrofoam buoys and rope ends, and bacteria growing on dry rope algae are just some of the toxins which, combined with dust and poor ventilation, have been linked to poor respiratory health in a study conducted by Vinalhaven's doctor and the Harvard School of Public Health. See Ben Neal, "In Lobstering, Not All the Hazards are at Sea," *The Working Waterfront* (web edition), March 2004.

[4] Elle finit par recevoir un diplôme d'Allemand et d'Histoire de l'Art.

[5] C'est Faison qui a inspiré l'intérêt de Prey pour le développement du baroque et du rococo en Allemagne du sud. Sa thèse avancée servit de premier chapitre au livre inachevé de Faison sur ce sujet.

[6] *The Boston Globe*, 13 Novembre 2006, notice nécrologique de Lane Faison par Michael J. Bailey, journaliste au Globe. On peut ajouter que Prey est l'incarnation parfaite de la cause défendue par Faison consistant à rapprocher les artistes (« le peuple de l'Œil », comme il les appelait) des historiens de l'art (« le peuple de la Pensée »). Voir le jugement de John Hyland, Jr., sur S. Lane Faison, Jr., in *CAA News* (Mars 2007), 30.

[7] Prey se rappelle avoir copié les plis de la remarquable robe du portrait par Ingres de la Comtesse d'Haussonville (1845), à la Frick Collection.

[8] Alliance pour les "Quilts" Américains, cité sur www.digitalheritage.org.

[9] Cependant comme le fait remarquer Prey, le Maine à la fin des années soixante-dix était beaucoup moins peuplé de résidents, comme d'estivants – ou artistes – qu'en 2007.

[10] Reproduit dans Pamela J. Belanger, *Maine in America : American Art at the Farnsworth Art Museum* (Rockland, Maine : The Farnsworth Art Museum, 2000), 56.

[11] Voir, par exemple, *Notch of the White Mountains (Crawford Notch)* de Cole, 1839, National Gallery of Art, Washington, D.C., reproduit dans Earl A. Powell, *Thomas Cole* (New York : Harry N. Abrams, Inc., 1990), 95.

[12] Doreen Bolger, David Park Curry, et H. Barbara Weinberg, avec N. Mishoe Brennecke, *American Impressionism and Realism : The Painting of Modern Life, 1885-1915* (New York : The Metropolitan Museum of Art, 1994), 66.

[13] Katie Zezima, dans "Maine, Trying to Protect an Old Way of Life", *The New York Times*, March 25, 2007, Section I, page 18, Colonne 1, agite la question de la hausse des prix de l'immobilier et la vulnérabilité des bassins de Port Clyde qui en est le résultat ; la plupart d'entre eux n'étant pas la propriété des pêcheurs qui dépendent d'eux pour leur existence.

[14] Ben Neal, « Maine's Most Lucrative Lobster Zone Considers Limited Entry,» [« La plus profitable des zones de pêche au homard pense à en limiter l'accès »] *The Working Waterfront* (édition internet), Octobre 2003 et Nancy Griffin, «Port Clyde Joins List of 'Major' New England

Fishing Ports », [« Port Clyde s'ajoute à la liste des ports de pêche 'majeurs' de Nouvelle Angleterre »] *The Working Waterfront* (édition internet), Décembre 2004.

[15] Guy Pène du Bois, *Edward Hopper* (New York : Whitney Museum of American Art, c. 1931), cité dans Belanger, *Maine in America*, 132.

[16] Parmi les œuvres de Hopper sur le Maine se trouvent quatre aquarelles peintes à Rockland, parmi lesquelles *Haunted House* (1926) ; voir Belanger, *Maine in America*, 132-135. Un exemple particulièrement remarquable d'œuvre consacrée au Cap Cod est *Mrs. Scott's House* (1932), Maier Museum of Art, Randolph-Macon Woman's College, reproduit dans Ellen M. Schall, John Wilmerding, et David M. Sokol, *American Art, American Vision : Paintings from a Century of Collecting* (Maier Museum of Art, Randolph-Macon Woman's College, 1990), 107.

[17] Charles Burchfield, "Edward Hopper, Classicist," in *Edward Hopper Retrospective Exhibition* (New York : The Museum of Modern Art, 1933), 16 ; cité dans Belanger, *Maine in America*, 132.

[18] Entrevue télévisée avec l'artiste par Carol Lin, CNN dimanche, 1er février 2004.

[19] Paradoxalement, il se peut que ces espaces fermés contribuent à causer les maladies respiratoires que l'on trouve parfois chez les pêcheurs. La peinture, les produits chimiques, la fumée de la combustion des flotteurs en mousse de polystyrène et des bouts de cordes, ainsi que les bactéries qui croissent sur les algues que l'on trouve sur les cordages desséchés sont parmi les toxines qui, avec la poussière et le manque de ventilation, ont été liées à des problèmes respiratoires dans une étude menée par le médecin de Vinalhaven et l'École de Santé Publique de Harvard. Voir Ben Neal, "In Lobstering, Not All the Hazards are at Sea", [« Dans la pêche au homard, les dangers ne sont pas seulement en mer »] *The Working Waterfront* (édition internet), Mars 2004.

Watercolors   Aquarelles

Blue Note

2004

watercolor on paper, 21 x 27 in.

aquarelle sur papier, 53.3 x 68.6 cm.

(plate: 1)

Twilight

2005

watercolor on paper, 19 x 28 in.

aquarelle sur papier, 48.3 x 71.1 cm.

(plate: 2)

Sanctum

2006

watercolor on paper, 20 x 28 in.

aquarelle sur papier, 50.8 x 71.1 cm.

Collection Allan and Judith Fulkerson

(plate: 3)

Family Portrait

2004

watercolor on paper, 21 x 29 in.

aquarelle sur papier, 53.3 x 73.7 cm.

Collection The Brooklyn Museum

(plate: 4)

I love these Adirondack chairs. They're such a symbol of Maine and summer. I painted *Family Portrait* during a point in my life when I was under a great deal of pressure.

Family Portrait is more the concept of the family at a very sad moment. Life is like that. We always try – we want those chairs lined up. But they're never going to be lined up. At the time, I saw myself as the end chair on the verge of toppling over.

~ Barbara Ernst Prey, *The Los Angeles Times*, 2004

J'aime beaucoup ces chaises de style "Adirondack". Elles symbolisent tellement bien le Maine et l'été. J'ai peint *Family Portrait* à une époque de ma vie où je subissais beaucoup de pression.... *Family Portrait* c'est plutôt l'idée de la famille dans une période très triste. La vie est comme cela. On essaie toujours –nous voulons mettre ces chaises en ordre. Mais elles ne seront jamais en ordre. A cette époque, je me voyais comme la chaise à l'extrémité, sur le point de dégringoler.

~ Barbara Ernst Prey, *The Los Angeles Times*, 2004

A Winter's Project

2005

watercolor on paper, 28 x 39 in.

aquarelle sur papier, 71.1 x 99.1 cm

Collection Mr. and Mrs. John Fell III

(plate: 5)

After the Rain

2002

watercolor on paper, 26 x 38 in.

aquarelle sur papier, 66 x96.5 cm.

Collection Mr. and Mrs. Stephen Tucker

(plate: 4)

First Snowfall

2007

watercolor on paper, 26 x 38 in.

aquarelle sur papier, 66 x 96.5 cm.

(plate: 7)

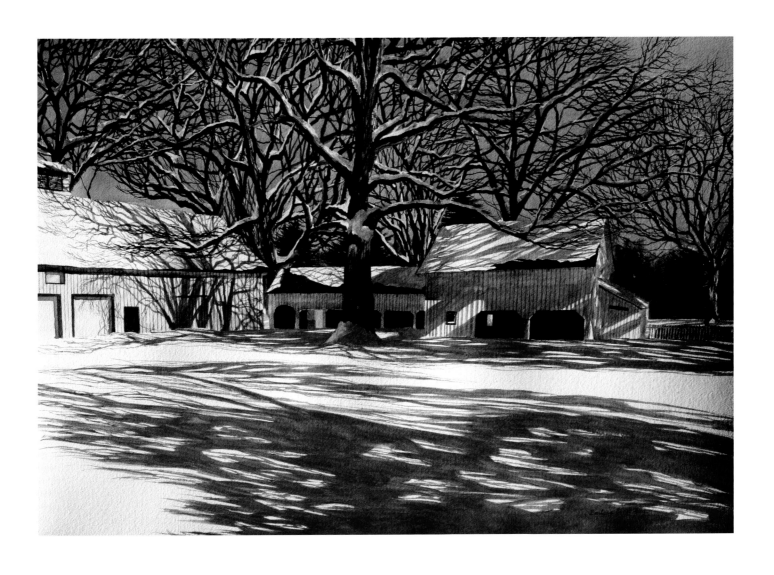

Bait House

2004

watercolor on paper, 27 x 21 in.

aquarelle sur papier, 68.6 x 53.3 cm.

(plate: 8)

The Collection

2005

watercolor on paper, 20x 28 in.

aquarelle sur papier, 50.8 x 71.1 cm.

(plate: 9)

After the attack [of September 11], I went up to Maine for inspiration. Out of the corner of my eye, I saw a flag wrapped around the banister of an old Finnish church. That flag became a symbol of grief for my friend, the family left behind and others killed on 9/11. I continued with a flag series as a way of mourning and showing solidarity. This particular painting shows a cluster of flags collected by an old war veteran at yearly May 30th Memorial Day celebrations.

I grew up seeing Jasper Johns' flag painting at MoMA. But to me the flag was a metaphor. Seeing the little flags in the windows was telling a story as opposed to flag waving. I like the concept of image as insight. It gives us insight into a particular time – the image had such a different connotation at that point, seven years ago, than it does today.

~ Barbara Ernst Prey, *Reflections*, 2006

A la suite de l'attaque [du 11 septembre], je suis partie chercher l'inspiration dans le Maine. Du coin de l'œil, j'ai aperçu un drapeau enveloppé autour de la rampe d'une vieille église finlandaise. Ce drapeau est devenu le symbole de mon chagrin pour mon ami, la famille laissée seule, et les autres morts du 11 septembre. J'ai réalisé une série de drapeaux comme marque de deuil et en signe de solidarité. Ce tableau particulier montre un bouquet de drapeaux collectionnés par un ancien combattant âgé lors des célébrations annuelles, le trente mai, du « Memorial Day ».

En grandissant, j'ai vu souvent le drapeau peint par Jasper Johns au MoMA. Mais pour moi, ce tableau était une métaphore. Voir les petits drapeaux aux fenêtres, c'était raconter une histoire, ce n'était pas du chauvinisme. J'aime l'idée qu'une image constitue un aperçu. Elle nous donne un aperçu vers une époque particulière – l'image possède une connotation tellement différente à cette période, il y a sept ans, de celle qu'elle possède aujourd'hui.

~ Barbara Ernst Prey, *Reflections*, 2006

Evening Palette, Oyster Bay Sunset

2003

watercolor on paper, 26 x 39 in.

aquarelle sur papier, 66 x 99.1 cm.

(plate: 10)

Dreamcatchers

2007

watercolor on paper, 28 x 40 in.

aquarelle sur papier, 71.1 x 101.6 cm.

(plate: 11)

Early Risers

2004

watercolor on paper, 19 x 28 in.

aquarelle sur papier, 48.3 x 71.1 cm.

(plate: 12)

In these works the sense of place and its history, both natural and human, is intensified and universalized through the absence of the figure. Prey contends that a figure or figures would "stop the viewer" and assume the focus of attention, becoming the provider of a bounded narrative…. The renderings of landscape, seascape, structures, and boats may be valued either for their considerable aesthetic appeal and technical mastery (belying the often difficult lives of their occupants), or for their evocation of something deeper, more spiritual or personal; we often yearn to know more about the lives of these families.

In this way, the works find their closest parallel in the paintings and watercolors of Edward Hopper, who, according to his fellow painter Guy Pène du Bois, never strayed from preferring to portray houses and steam engines to men.

~ Sarah Cash, *An American View: Barbara Ernst Prey*, 2007

Dans ces œuvres l'appartenance à un lieu et à une histoire, naturels et humains à la fois, est intensifiée et rendue universelle grâce à l'absence de personnages. Prey soutient qu'un ou plusieurs personnages « arrêteraient le spectateur » et concentreraient son attention, imposant ainsi des limites à la narration. On peut apprécier le rendu des paysages, des marines, des bâtiments et des bateaux pour son charme esthétique et sa maîtrise technique, tous deux considérables, et que démentent les vies souvent rudes des habitants, ou pour leur évocation de quelque chose de plus profond, de plus spirituel ou de plus personnel ; nous sommes souvent curieux d'en savoir plus sur la vie de ces familles.

Ainsi, ces œuvres trouvent-elles leur plus proche parallèle dans les peintures et aquarelles d'Edward Hopper, qui, selon son confrère peintre Guy Pène du Bois, ne cessa jamais de préférer peindre des maisons et des locomotives à vapeur plutôt que des êtres humains.

~ Sarah Cash, *An American View: Barbara Ernst Prey*, 2007

Climbing Roses

2005

watercolor on paper, 15 x 11 in.

aquarelle sur papier, 38.1 x 27.9 cm

(plate: 13)

Barbara Ernst Prey

Formation

2004

watercolor on paper, 26 x 39 in.

aquarelle sur papier, 66 x 99.1 cm.

Collection Allan and Judith Fulkerson

(plate: 14)

Like the lobster fisherman's hardscrabble, tradition-laden work so easily overlooked by the tourist who sees only the romanticism of the seafaring life (or the price per pound), the rigors and complexities of Prey's own work may, to some, be eclipsed by the peacefulness of her images.

Pure form and hue are here judged on their own considerable merits, but the viewer is simultaneously challenged to question existing assumptions about the appearance of watercolor; these are, after all, more paintings than works on paper in the edge-to-edge color and in their many layers of wash, allowing alternating passages of translucency and opacity. Moreover, we are provoked to think more deeply about their subject matter; to imagine beyond the vessels and buildings, venturing in our mind's eye deep into the lives and spirits of their unseen occupants, into the story of Maine.

~ Sarah Cash, *Works on Water*, 2005

De même que le travail misérable, ancré dans la tradition, des pêcheurs de homard est si facilement ignoré des touristes qui ne voient que le côté romantique de la vie des marins (ou le prix à la livre du homard), de même la rigueur et la complexité de l'œuvre de Prey risquent d'être, pour certains, éclipsées par la paix qui se dégage de ses images. Ici, la forme pure et la couleur sont jugées selon leurs considérables mérites, mais, en même temps, le spectateur doit confronter le questionnement des préjugés qui entourent l'apparence de l'aquarelle ; nous avons ici des peintures, plus que des œuvres sur papier, avec leurs aplats de couleurs et leurs nombreuses couches de lavis, autorisant l'alternance de diaphanéité et d'opacité. De surcroît, nous sommes contraints à une réflexion plus profonde sur le sujet de ces images, à imaginer ce qui se trouve derrière les vaisseaux et les bâtiments, à nous aventurer, avec l'œil de notre esprit, dans les profondeurs des vies et des âmes de leurs invisibles occupants, dans l'histoire du Maine.

~ Sarah Cash, *Works on Water*, 2005

Ghost House

2003

watercolor on paper, 21 x 28 in.

aquarelle sur papier, 53.3 x 71.1 cm.

(plate: 15)

Handcrafted in an Age of Technology

2000

watercolor on paper, 20 x 28 in.

aquarelle sur papier, 50.8 x 71.1 cm.

(plate: 16)

Harvest

2000

watercolor on paper, 26 x 40 in.

aquarelle sur papier, 66 x 101.6 cm.

(plate: 17)

Hayrolls

2005

watercolor on paper, 15 x 28 in.

aquarelle sur papier, 38.1 x 71.1 cm.

(plate: 18)

Branch Hangers

2005

watercolor on paper, 21 x 28 in.

aquarelle sur papier, 53.3 x 71.1 cm.

(plate: 19)

Morning Commute

2005

watercolor on paper, 11 x 15 in.

aquarelle sur papier, 27.9 x 38.1 cm.

(plate: 20)

Old School

2006

watercolor on paper, 21 x 29 in.

aquarelle sur papier, 53.3 x 73.7 cm.

(plate: 21)

The Optimist

2002

watercolor on paper, 21 x 29 in.

aquarelle sur papier, 53.3 x 73.7 cm.

(plate: 22)

Patriot

2001

watercolor on paper, 29 x 21 in.

aquarelle sur papier, 73.7 x 53.3 cm.

Collection Mr. and Mrs. Foster J. McCarl III

(plate: 23)

Reminiscence

2003

watercolor on paper, 14 x 27 in.

aquarelle sur papier, 35.6 x 68.6 cm.

(plate: 24)

Reunion at Dusk

2001

watercolor on paper, 25 x 39 in.

aquarelle sur papier, 63.5 x 99.1 cm.

(plate: 25)

Reunion

2001

watercolor on paper, 25 x 39 in.

aquarelle sur papier, 63.5 x 99.1 cm.

Collection Mr. and Mrs. Steve Gillis

(plate: 26)

Still Water

2004

watercolor on paper, 21 x 28 in.

aquarelle sur papier, 53.3 x 71.1 cm.

(plate: 27)

The Apple House

2004

watercolor on paper, 27 x 39 in.

aquarelle sur papier, 68.6 x 99.1 cm.

(plate: 28)

The Apprentice

2005

watercolor on paper, 21 x 28 in.

aquarelle sur papier, 53.3 x 71.1 cm.

(plate: 29)

The Long Haul

2004

watercolor on paper, 19 x 25 in.

aquarelle sur papier, 48.3 x 63.5 cm.

(plate: 30)

The Meeting Tree

2004

watercolor on paper, 21 x 29 in.

aquarelle sur papier, 53.3 x 73.7 cm.

(plate: 31)

Wayfarers

2002

watercolor on paper, 20 x 29 in.

aquarelle sur papier, 50.8 x 73.7 cm.

(plate: 32)

Barbara Ernst Prey

The Simple Life

2004

watercolor on paper, 28 x 39 in.

aquarelle sur papier, 71.1 x 99.1 cm.

(plate: 33)

Time Travelers

2000

watercolor on paper, 25 x 39 in.

aquarelle sur papier, 63.5 x 99.1 cm.

(plate: 34)

Starfish and Geraniums

2004

watercolor on paper, 28 x 21 in.

aquarelle sur papier, 71.1 x 53.3 cm.

(plate: 35)

Barbara Ernst Prey

Twilight II

2005

watercolor on paper, 26 x 36 in.

aquarelle sur papier, 66 x 91.4 cm.

(plate: 36)

The Mender

2006

watercolor on paper, 20 x 27 in.

aquarelle sur papier, 50.8 x 68.6 cm.

Collection Mr. and Mrs. Steve Gillis

(plate: 37)

White House Christmas Card

2003

print, 11 x 15 in.

27.9 x 38.1 cm.

(plate: 38)

September 26

2001

watercolor on paper, 20 x 28 in.

aquarelle sur papier, 50.8 x 71.1 cm.

Collection Kenneth and Grace Kelly

(plate: 39)

The Waltz

1999

watercolor on paper, 20 x 27 in.

aquarelle sur papier, 50.8 x 68.6 cm.

Collection Nicholas and Joannie Danielides

(plate: 40)

Americana

1999

watercolor on paper, 20 x 28 in.

aquarelle sur papier, 50.8 x 71.1 cm.

Collection Mr. and Mrs. Foster J. McCarl III

(plate: 41)

We lived in western Pennsylvania for about ten years, at the foothills of Appalachia, and I would drive around in the hollows and very rural areas in search of painting ideas. What I thought was beautiful, the character of the run-down houses, was of course, poverty. There was a group of 80-year-olds who met in our church once a week and quilted. They raised their children on rural farms, worked hard and had tough lives. Quilting was their weekly social event. The quilters made us a beautiful patchwork quilt that I painted in *Americana*.

I was in Maine a couple of years after and came upon a group of quilts out on a line, supported by sticks, blowing in the wind. That began the quilt series of paintings. The idea had been with me for quite some time, it just needed that visual impetus to take shape. The quilts are so American and, again, something we are losing, the tie to the land and our collective history.

~ Barbara Ernst Prey, *Reflections*, 2006

Nous avons vécû près de dix ans à l'ouest de la Pennsylvanie, au pied des Appalaches ; je me promenais en voiture dans les vallées et la campagne à la recherche d'idées de tableaux. Ce que je trouvais beau, le pittoresque des maisons délabrées, c'était la pauvreté. Un groupe d'octogénaires se réunissait toutes les semaines à notre église et cousait des « quilts » en patchwork. C'étaient des femmes qui avaient élevé leurs enfants à la ferme, qui travaillaient dur, avaient des vies difficiles. La confection des « quilts » constituait leur soirée hebdomadaire. Elles ont fait pour nous un superbe « patchwork » que j'ai peint dans Americana.

J'étais dans le Maine quelque deux ans plus tard et suis tombée sur un groupe de « quilts » étendus sur un fil que supportaient des bâtons et agités par le vent. Ce fut le début de la série des peintures de « quilts ». C'est une idée que j'avais depuis un certain temps, qui avait juste besoin de cette impulsion visuelle pour prendre forme. Les « quilts » sont si américains et, de nouveau, quelque chose que nous perdons, le lien avec la terre et notre histoire collective.

~ Barbara Ernst Prey, *Reflections*, 2006

A Work in Progress

2006

watercolor on paper, 20 x 28 in.

aquarelle sur papier, 50.8 x 71.1 cm.

(plate: 42)

Garden Party II

2005

watercolor on paper, 20 x 27 in.

aquarelle sur papier, 50.8 x 68.6 cm.

(plate: 43)

Highsteppers
1998

watercolor on paper, 15 x 11 in.

aquarelle sur papier, 38.1 x 27.9 cm.

Collection Mr. and Mrs. Foster J. McCarl III

(plate: 44)

Vanishing Point

2006

watercolor on paper, 26 x 38 in.

aquarelle sur papier, 66 x 96.5 cm.

(plate: 45)

Marshall Point Lighthouse

2002

watercolor on paper, 21 x 28 in.

aquarelle sur papier, 53.3 x 71.1 cm.

(plate: 46)

Columbia Tribute Painting

2004

watercolor on paper, 28 x 39 in.

aquarelle sur papier, 71.1 x 99.1 cm.

Collection NASA Kennedy Space Center

(plate: 47)

Birdhouses

2006

watercolor on paper, 27 x 40 in.

aquarelle sur papier, 68.6 x 101.6 cm.

(plate: 48)

Finish Coat

2007

watercolor on paper, 21 x 28 in.

aquarelle sur papier, 53.3 x 71.1 cm.

(plate: 49)

East Looks West

1986

watercolor on paper, 21.5 x 29.5 in.

aquarelle sur papier, 54.6 x 74.9 cm.

(plate: 50)

Confucious Temple

1986

watercolor on paper, 21.5 x 29.5 in.

aquarelle sur papier, 54.6 x 74.9 cm.

(plate: 51)

The Lineup

2006

watercolor on paper, 21.5 x 29 in.

aquarelle sur papier, 54.6 x 73.7 cm.

(plate: 52)

Lords of the Manor

2007

watercolor on paper, 19 x 26 in.

aquarelle sur papier, 48.3 x 66 cm.

(plate: 53)

Window View

2005

watercolor on paper, 11 x 15 in.

aquarelle sur papier, 27.9 x 38.1 cm.

(plate: 54)

Evening Palette, Study

2003

watercolor on paper, 5 x 7 in.

aquarelle sur papier, 12.7 x 17.8 cm.

Collection Dr. and Mrs. James Watson

(plate: 55)

Americana, Study

1998

watercolor on paper, 15 x 17 in.

aquarelle sur papier, 38.1 x 43.2 cm.

Collection Mr. Jeffrey Prey

(plate: 56)

Barbara Ernst Prey

Illustration for The New Yorker

1986

15 x 17 in.

21.6 x 27.9 cm.

(plate: 57)

Illustration for The New Yorker

1985

8.5 x 11 in.

21.6 x 27.9 cm.

(plate: 58)

Illustration for Gourmet Magazine

April, 1989

8.5 x 11 in.

21.6 x 27.9 cm.

(plate: 59)

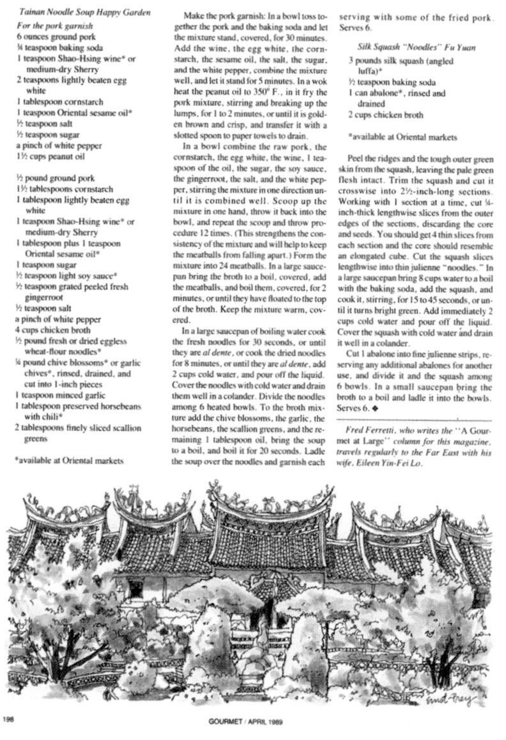

Tainan Noodle Soup Happy Garden

For the pork garnish

6 ounces ground pork
¼ teaspoon baking soda
1 teaspoon Shao-Hsing wine* or medium-dry Sherry
2 teaspoons lightly beaten egg white
1 tablespoon cornstarch
1 teaspoon Oriental sesame oil*
½ teaspoon salt
½ teaspoon sugar
a pinch of white pepper
1½ cups peanut oil

½ pound ground pork
1½ tablespoons cornstarch
1 tablespoon lightly beaten egg white
1 teaspoon Shao-Hsing wine* or medium-dry Sherry
1 tablespoon plus 1 teaspoon Oriental sesame oil*
1 teaspoon sugar
½ teaspoon light soy sauce*
½ teaspoon grated peeled fresh gingerroot
½ teaspoon salt
a pinch of white pepper
4 cups chicken broth
½ pound fresh or dried eggless wheat-flour noodles*
¼ pound chive blossoms* or garlic chives*, rinsed, drained, and cut into 1-inch pieces
1 teaspoon minced garlic
1 tablespoon preserved horsebeans with chili*
2 tablespoons finely sliced scallion greens

*available at Oriental markets

Make the pork garnish: In a bowl toss together the pork and the baking soda and let the mixture stand, covered, for 30 minutes. Add the wine, the egg white, the cornstarch, the sesame oil, the salt, the sugar, and the white pepper, combine the mixture well, and let it stand for 5 minutes. In a wok heat the peanut oil to 350° F., in it fry the pork mixture, stirring and breaking up the lumps, for 1 to 2 minutes, or until it is golden brown and crisp, and transfer it with a slotted spoon to paper towels to drain.

In a bowl combine the raw pork, the cornstarch, the egg white, the wine, 1 teaspoon of the oil, the sugar, the soy sauce, the gingerroot, the salt, and the white pepper, stirring the mixture in one direction until it is combined well. Scoop up the mixture in one hand, throw it back into the bowl, and repeat the scoop and throw procedure 12 times. (This strengthens the consistency of the mixture and will help to keep the meatballs from falling apart.) Form the mixture into 24 meatballs. In a large saucepan bring the broth to a boil, covered, add the meatballs, and boil them, covered, for 2 minutes, or until they have floated to the top of the broth. Keep the mixture warm, covered.

In a large saucepan of boiling water cook the fresh noodles for 30 seconds, or until they are *al dente*, or cook the dried noodles for 8 minutes, or until they are *al dente*, add 2 cups cold water, and pour off the liquid. Cover the noodles with cold water and drain them well in a colander. Divide the noodles among 6 heated bowls. To the broth mixture add the chive blossoms, the garlic, the horsebeans, the scallion greens, and the remaining 1 tablespoon oil, bring the soup to a boil, and boil it for 20 seconds. Ladle the soup over the noodles and garnish each serving with some of the fried pork. Serves 6.

Silk Squash "Noodles" Fu Yuan

3 pounds silk squash (angled luffa)*
½ teaspoon baking soda
1 can abalone*, rinsed and drained
2 cups chicken broth

*available at Oriental markets

Peel the ridges and the tough outer green skin from the squash, leaving the pale green flesh intact. Trim the squash and cut it crosswise into 2½-inch-long sections. Working with 1 section at a time, cut ¼-inch-thick lengthwise slices from the outer edges of the sections, discarding the core and seeds. You should get 4 thin slices from each section and the core should resemble an elongated cube. Cut the squash slices lengthwise into thin julienne "noodles." In a large saucepan bring 8 cups water to a boil with the baking soda, add the squash, and cook it, stirring, for 15 to 45 seconds, or until it turns bright green. Add immediately 2 cups cold water and pour off the liquid. Cover the squash with cold water and drain it well in a colander.

Cut 1 abalone into fine julienne strips, reserving any additional abalones for another use, and divide it and the squash among 6 bowls. In a small saucepan bring the broth to a boil and ladle it into the bowls. Serves 6. ◆

Fred Ferretti, who writes the "A Gourmet at Large" column for this magazine, travels regularly to the Far East with his wife, Eileen Yin-Fei Lo.

198 GOURMET / APRIL 1989

Illustration for Gourmet Magazine

December, 1990

8.5 x 11 in.

21.6 x 27.9 cm.

(plate: 60)

Kunsthandlung Michael Menzel
Getreidegasse, 13/1
Tel. 84.33.93

Lährm
Universitätsplatz, 5 und 16
Tel. 84.34.77

Peter-Paul Burges
Gstättengasse, 31
Tel. 84.81.15

Ulf Englich
Getreidegasse, 3
Tel. 89.19.30

Art and Books
Eduard Höllrigl
Sigmund-Haffner-Gasse, 10
Tel. 84.11.46

Galerie Salis
Goldgasse, 13
Tel. 84.54.34

Galerie Welz
Sigmund-Haffner-Gasse, 16
Tel. 84.17.71

Clothing
Brigitte Kinder-Trachten
Universitätsplatz, 7
Tel. 84.11.93

Cosi
Griesgasse, 6
Tel. 84.04.07

E. Dschulnigg
Griesgasse, 8
Tel. 84.23.76

Jahn-Markl
Residenzplatz, 3
Tel. 84.26.10

Lanz of Salzburg
Schwarzstrasse, 4
Tel. 74.2.72

Crafts, Housewares, and Furnishings
Claus Moroder
Getreidegasse, 24
Tel. 843.88.02

Drechslerei Lackner
Badergasse, 2
Tel. 84.23.85

Guglhupf Gmundner Keramik
Franz Josef's-Kai, 5
Tel. 84.14.58

Handwerkskunst in Glas
Sigmund-Haffner-Gasse, 14
Tel. 841.03.15

Lobmeyr
Schwarzstrasse, 20
Tel. 73.1.81

Salzburger Heimatwerk
Residenzplatz, 9
Tel. 84.41.10

Weber
Getreidegasse, 3
Tel. 84.16.15

Wiener Porzellanmanufaktur Augarten
Gesellschaft
Alter Markt, 11
Tel. 84.07.14

The following recipes will re-create some of the Hotel Goldener Hirsch's delights, including the ineffable *Salzburger Nockerl*.

Breakfast Gugelhupf
Hotel Goldener Hirsch
(Breakfast Butter Cake)

dry bread crumbs for dusting the tube pan
½ stick (½ cup) plus 2½ tablespoons unsalted butter, softened
½ cup plus 1 tablespoon sugar
4 large eggs, separated
1¾ cups sifted all-purpose flour
1½ teaspoons double-acting baking powder
¼ teaspoon salt
⅓ cup milk
½ teaspoon vanilla
¼ cup raisins if desired

Butter a tube pan or *Gugelhupf* mold measuring about 8 inches across the bottom and three and a half inches high and dust it with the bread crumbs, knocking out the excess. In a bowl with an electric mixer cream together the butter and the sugar until the mixture is light and fluffy, and add the yolks, 1 at a time, beating well after each addition. Into another bowl sift together the flour, the baking powder, and the salt and in a small bowl stir together the milk and the vanilla. Add the flour mixture to the butter mixture in batches, alternating with the milk mixture, beginning and ending with the flour mixture and blending the batter well after each addition, and stir in the raisins. In another bowl, with cleaned beaters, beat the whites until they just hold stiff peaks, stir one fourth of them into the batter, and fold in the remaining whites gently but thoroughly.

Spoon the batter into the prepared pan and bake the *Gugelhupf* in the middle of a preheated 375° F. oven for 40 to 45 minutes, or until a tester comes out clean. Let the *Gugelhupf* cool in the pan on a rack for 10 minutes, run a thin knife around the edge and tube of the pan, and invert the *Gugelhupf* onto the rack. Let the *Gugelhupf* cool slightly and serve it warm.

Shrimp in Dill Cream
Hotel Goldener Hirsch

¼ cup julienne white part of leek, washed well and drained
¼ cup thinly sliced onion
¼ cup julienne carrot
¼ cup julienne celery
¾ stick (6 tablespoons) unsalted butter
2 pounds medium shrimp (about 50), shelled and deveined
1 cup *crème fraîche* (available at specialty foods shops and some supermarkets)
1 cup white fish stock (page 200)

144 GOURMET / DECEMBER 1990

Illustration for Horticluture Magazine
1982
8.5 x 11 in.
21.6 x 27.9 cm.
(plate: 61)

Mountainscape
1986
8.5 x 5.5 in.
21.6 x 14 cm.
(plate: 62)

Still Life

1973

12 x 9 in.

22.5 x 30.5 cm.

(plate: 63)

Still Life

1973

12 x 9 in.

22.5 x 30.5 cm.

(plate: 64)

Main Street

1974

15 x 9.5 in.

24.1 x 38.1 cm.

(plate: 65)

Sketchbook, Switzerland

1986

pen and ink, 5 x 7 in.

12.7 x 17.8 cm.

(plate: 66)

Gourmet Magazine

September, 1991

pen and ink, 4.5 x 6 in.

11.4 x 15.2 cm.

(plate: 67)

Sketchbook, China

1986

ink and watercolor, 6 x 8.5 in.

15.2 x 21.6 cm.

(plate: 68)

Sketchbook, Austria

1979

watercolor, 5.5 x 8.5 in.

14 x 21.6 cm.

(plate: 69)

Sketchbook, China

1986

ink and watercolor, 6 x 8.5 in.

15.2 x 21.6 cm.

(plate: 70)

Sketchbook, Switzerland

1979

ink and watercolor, 6 x 8.5 in.

15.2 x 21.6 cm.

(plate: 71)

Sketchbook, Italy

1972

pencil and watercolor, 8.5 x 12 in.

21.6 x 30.5 cm.

(plate: 72)

Sketchbook, Germany

1980

pencil and watercolor, 8.5 x 12 in.

21.6 x 30.5 cm.

(plate: 73)

Sketchbook, Germany

1980

pencil and watercolor, 8.5 x 12 in.

21.6 x 30.5 cm.

(plate: 74)

Gourmet Magazine

March, 1991

pencil and ink, 3.5 x 5 in.

8.9 x 12.7 cm.

(plate: 75)

Tree, Study

January, 1974

pencil, 8.5 x 12 in.

21.6 x 30.5 cm.

(plate: 76)

Gourmet Magazine

January, 1988

ink and watercolor, 3.5 x 5 in.

8.9 x 12.7 cm.

(plate: 77)

Allegorical Mural, Rousseau

1975

acrylic on canvas

(plate: 78)

New York Times, Travel Section

1988

ink and wash, 5.5 x 9 in.

14 x 22.9 cm.

(plate: 79)

White House Christmas Card, Study

2003

watercolor, 6 x 8 in.

15.2 x 20.3 cm.

(plate: 80)

Sketchbook, Kenya

1980

ink and watercolor, 6 x 8.5 in.

15.2 x 21.6 cm.

(plate: 81)

Sketchbook, France

1977

ink, 6 x 8.5 in.

15.2 x 21.6 cm.

(plate: 82)

Sketchbook, Italy

1979

pencil and watercolor, 8.5 x 12 in.

21.6 x 30.5 cm.

(plate: 83)

Sketchbook, Germany
Albrect Dürer's House

1977

fountain pen, 6 x 8.5 in.

15.2 x 21.6 cm.

(plate: 84)

Barbara Ernst Prey, Artist

Born in New York, Barbara Ernst Prey grew up on Long Island. She earned a B. A. degree in 1979 from Williams College and a Masters of Divinity degree from Harvard in 1986. She received a Fulbright Scholarship and grant from the Henry Luce Foundation, enabling her to study and travel in Europe and Asia.

Prey currently lives in Oyster Bay, New York, and claims Maine as a second home and source of inspiration. Her paintings are included in prominent collections around the world including: the Harvard Business School, the Brooklyn Museum, the Smithsonian American Art Museum, the Farnsworth Museum, the Taiwan Museum of Art, the White House, the Henry Luce Foundation and are on view in various embassy residences as part of the "U.S. Art in Embassies" Program. In 2004, NASA commissioned her to do a painting to commemorate the loss of the Columbia Space Shuttle. Barbara Ernst Prey joins an elite group of artists (including Andy Warhol, Robert Rauschenberg) who have been invited by NASA to document space history.

While Barbara Prey absorbed many influences during her travels, she remains an American artist rooted in the traditions of Homer and Hopper, well known for her treatment of various symbols of American culture.

Sarah Cash, Consulting Curator

Sarah Cash attended Smith College and holds an M.A. from Williams College. Currently Bechhoefer Curator of American Art for the Corcoran Gallery of Art, Washington, D.C., Sarah Cash has curated exhibitions such as *Encouraging American Genius: Master Paintings from the Corcoran*, *Norman Rockwell's Four Freedoms: Paintings that Inspired a Nation* and *The Impressionist Tradition in America*, amongst many others. She has also held positions at the Amon Carter Museum and the National Gallery, Washington, D.C.

Barbara Ernst Prey, l'Artiste

Née à New York, Barbara Ernst Prey a grandi à Long Island. Diplômée de Williams College en 1979 (Bachelor of Arts) et de Harvard en 1986 (Maîtrise de Théologie), elle reçut une bourse Fulbright et une dotation de la Henry Luce Foundation qui lui permirent de voyager et d'étudier en Europe et en Asie.

Prey vit actuellement à Oyster Bay, dans l'état de New York, et considère l'état du Maine comme son deuxième foyer et la source de son inspiration. On trouve ses œuvres dans d'importantes collections du monde entier, parmi lesquelles la « Business School » de Harvard, le musée Farnsworth, le « Museum of Art » de Taïwan, le musée Brooklyn, le « American Art Museum » Smithsonian, la Maison Blanche, la Henry Luce Foundation ; on peut aussi les voir dans plusieurs résidences d'ambassadeurs des Etats-Unis, dans le cadre du programme « U.S. Art in Embassies ». En 2004, la NASA lui commanda un tableau destiné à commémorer la perte de la navette spatiale Columbia.

Sarah Cash, Commissaire Consultant de l'exposition

Sarah Cash est titulaire d'un B.A. (« Bachelor of Arts ») de Smith College et d'un M.A. (« Master of Arts ») du programme d'études avancées de Williams College. Actuellement « Bechhoefer Curator» pour l'art américain à la «Corcoran Gallery of Art» de Washington, D.C., elle a dirigé des expositions telles que « *Encourager le Génie Américain : Chefs d'Œuvre de la Galerie Corcoran* », « *les Quatre Libertés de Norman Rockwell : des Tableaux qui ont inspiré une Nation* », et « *La Tradition Impressionniste Américaine* », parmi beaucoup d'autres. Elle a egalement travaillé pour le musée Amon Carter et le National Gallery, Washington, D.C.

Barbara Ernst Prey

Awards and Fellowships:

2004　New York State Senate Women of Distinction Award

1998　Artist in Residence, Westminster School, Simsbury, CT

1996　Best of Show, Westmoreland Museum of American Art

1986　Henry Luce Foundation Grant

1979　Fulbright Scholarship

1974　San Francisco Art Institute, Summer Grant

Selected Exhibitions:

Picturing Long Island, The Heckscher Museum, Huntington, New York (2007)

Kennedy Space Center, NASA Commission (2007, 2006, 2005, 2004, 2003)

United States Arts in Embassy Program, U.S. Embassy, Paris, France (2007, 2006)

United States Arts in Embassy Program, U.S. Embassy, Madrid, Spain (2007, 2006

United States Arts in Embassy Program, U.S. Embassy, Vilnius, Lithuania (2007)

Works on Water, Water Street Gallery, Seamen's Church Institute, New York (2007, 2006))

From Port Clyde to Paris, Blue Water Fine Arts, Port Clyde, ME (2007)

The White House (2007, 2006, 2005, 2004, 2003)

Chelsea Art Museum, New York, NY (2006)

From Seacoast to Outer Space, The Williams Club, NY (2006)

Guild Hall Museum, East Hampton, NY (2006, 2005, 2004, 2003, 2002, 2001)

Lift Off, Vanderbilt Planetarium, NY (2006)

Thirty Years of Painting Maine, Blue Water Fine Arts, Port Clyde, ME (2006)

United States Art in Embassies Program, U.S. Embassy, Oslo, Norway (2005, 2004, 2003, 2002)

United States Art in Embassies Program, U.S. Embassy, Belarus (2005, 2004, 2003)

United States Art in Embassies Program, U.S. Embassy, Liberia (2005, 2004, 2003)

Observations, Harrison Gallery, Williamstown, MA (2004)

Conversations, Blue Water Fine Arts, Port Clyde, ME (2004)

The White House (2003)

An American Portrait, Arts Club of Washington D.C. (2003)

United States Art in Embassies Program, U.S. Embassy, Prague (2003, 2002)

The Valley Viewed: 150 Years of Artists Exploring Williamstown, Harrison Gallery, Williamstown, MA

　　　　　Curated by Katherine Carroll (2003)

National Arts Club, NY (2003)

25 Years of Painting Maine, Blue Water Fine Arts, Port Clyde, ME (2003)

Obsession, Heckscher Museum of Art, Huntington, NY (2002)

American Art in Miniature, Gilcrease Museum, Tulsa, OK (2002, 2001, 2000, 1999, 1998)

Patriot, Blue Water Fine Arts, Port Clyde, ME (2002)

A Trace in the Mind: An Artists Response to 9/11, Hutchins Gallery, C.W. Post College, Brookville, NY (2002)

Lightscapes, Jensen Fine Arts, New York City

Heckscher Museum, Huntington, NY (1999)

Express Yourself, Portland Museum of Art, ME (1998)

Museum of the Southwest, Midland, TX (1997)

Recent Acquisitions, Farnsworth Museum of Art, Rockland, ME (1997)

The Westmoreland Museum of American Art, Awarded Best in Show (1996)

The Philadelphia Museum of Art (1995)

Farnsworth Museum of Art Benefit Auction Exhibit, Rockland, ME (1994)

Blair Art Museum, Hollidaysburg, PA (1993)

Johnstown Art Museum, Johnstown, PA (1993)

Women's Art, Williams College, Williamstown, MA (1989)

Museum of Fine Arts, Nassau County, NY (1988)

Harvard University, Cambridge, MA (1986)

Selected Collections:

President and Mrs. George Bush

President and Mrs. George W. Bush

The White House

The Brooklyn Museum

The Smithsonian American Art Museum

The Farnsworth Art Museum

Williams College

Williams College Museum of Art

The Taiwan Museum of Art

Mellon Hall, Harvard Business School

The Henry Luce Foundation

Reader's Digest Corporation

Prince and Princess Castell

Prince and Princess Johannes Lobkowicz

Prince and Princess Michael Salm

Mrs. C. Robert Allen

Mr. Herbert Allen

Mr. and Mrs. James Broadhurst

Mr. Sam Bronfman

Mr. and Mrs. Russell Byers Jr.

Governor Hugh Carey

Mr. and Mrs. Chris Davis

Mr. and Mrs. Allan Fulkerson

Senator and Mrs. Judd Gregg

Mrs. Henry Luce III

Mr. and Mrs. Dan Lufkin

Mr. and Mrs. James McCarl

Mr. Richard P. Mellon

Mr. Roger Milliken

Ambassador and Mrs. John Ong

Mr. and Mrs. Peter O'Neill

Mr. and Mrs. Howard Phipps, Jr.

Ambassador and Mrs. Mitchell Reiss

Ambassador and Mrs. Craig Stapleton

Dr. and Mrs. James Watson

Mr. and Mrs. Jimmy Webb

Selected Bibliography and Interviews:

Dazzled from Port Clyde to Paris, USA Today Magazine, July, 2007, p. 38-43,

Cover *A Breath of Fresh Air: Painting Nature Now,* Fine Art Connoisseur, October 2007, Mathias Anderson p. 86,87

Brush with History, Houston Chronicle Zest Magazine, April 15, 2007, Patty Reinert

Prey at Home and Across the Pond, Maine Sunday Telegram, August 12, 2007 Bob Keyes

Bill Moyers, PBS, April 27, 2007

Nature in an Untouched State, The New York Times, February 18, 2007

Visions of Long Island, Newsday, February 1, 2007

High Art, Harvard Magazine, November/December, 2006

So Watery, the Works of Barbara Ernst Prey, The New York Sun, October 25, 2006

Time Off - Exhibit: Works on Water, The Wall Street Journal, October 19, 2006

The Critic's Choice, The New York Daily News, October, 2006

Barbara Ernst Prey: Reflections, essay by Paul Lieberman, Los Angeles Times Cultural Writer, 2006

Museums, The Washington Post, December 16, 2005

Barbara Ernst Prey: Works on Water, essay by Corcoran Gallery of Art Curator Sarah Cash, 2005

Names and Faces: An Artist Ready for Liftoff, The Washington Post, July 22, 2005 (interview)

2005 Women of Distinction, Distinction Magazine, March, 2005 (interview)

Painter Seeing a Bigger Picture, Los Angeles Times, Paul Lieberman, October 4, 2004: E8.

Columbia Tribute, CNN News with Carol Lin, February 2, 2004 (interview)

The Fine Art of the Space Age, The Washington Post, Kelly McBride, January 26, 2004

Tribute Reflects the Lives of Columbia Crew, Newsday, Peter Goodman, February 1, 2004: D 38.

CNN, Paula Zahn NOW, December 23, 2003 (interview)

Larry King Live, CNN, December, 2003 (interview)

A Trace in the Mind: An Artists Response to 9/11, catalog essay by Charles Riley, C.W. Post University

Public Lives, The New York Times, October 31, 2002

Williamstown Artist Compared to Homer, The Paper, November 29, 2002

On the Loose in New York, The International Art Newspaper, April, 2001

Famous Last Words, Linda Stasi, The New York Post, April 22, 2001

Watercolor 2001: Barbara Ernst Prey New Work, American Artist Magazine, 2001

The Critic's Choice, The New York Daily News, January, 1999

Art Market: Prey Exhibit, The International Art Newspaper, January 1999

Taiwan Pictured Through Western Eyes, Asia Magazine, July, 1987

U.S. Painter Views Taiwan With Color and Contrast, China Post, May, 1987

Acknowledgements

I should like to thank the following for their contribution towards the realization of the catalogue and exhibition:

Barbara Ernst Prey, Artist

Sarah Cash, Consulting Curator

Kristina Didouan, Director of Programs, Mona Bismarck Foundation

C. Rajakaruna, Director of Administration and Finance, Mona Bismarck Foundation

Christian Roy, Scenographer

Dianne Henning, Graphics, Website

Translators: François-Marc Chaballier, Sallie Chaballier, Beatrice Floquet, Luciana Tomasi

Catherine Dantan, Presse

Lynne G. Platt, Sophie Roy-Sultan, U.S. Embassy Press Office

James L. Bullock, Lora Berg, Sophie Nadeau, U.S. Embassy Cultural Affairs

L.L. Bean, Freeport, Maine (donation of Adirondack chairs)

The Lenders

Nicholas and Joannie Danielidis

Mr. and Mrs. John Fell III

Allan and Judith Fulkerson

Mr. and Mrs. Steve Gillis

Kenneth and Grace Kelly

Mr. and Mrs. Foster J. McCarl III

NASA Kennedy Space Center

Jeffrey Prey

Mr. and Mrs. Stephen Tucker

Dr. and Mrs. James Watson

Christopher Brut, Sound

Cynthia Cervantes, Administration

Marie-Noëlle Connaughton, André Chenue

Robert Herman, Video

Edward Lelouarn, Security

Jean-Jacques Mallon, Security

Serge Masseau, Security

Ernest Paolucci, Security

Kimberley Petyt, Event Designer

Estelle Preston, Floral Design

Edmond Ranamuka, Security

Robert Ruscoe, Printing

Ruth L.A. Stiff, Scenographic Consultant

Russell M. Porter

President

Mona Bismarck Foundation